ATRIUM

Helen Rutter

Neun Wünsche für Archie

Aus dem Englischen von Silke Jellinghaus

Atrium Verlag · Zürich

FSC
www.fsc.org
MIX
Papier | Fördert gute Waldnutzung
FSC® C083411

Deutsche Erstausgabe
1. Auflage 2022

Die Originalausgabe erschien 2022 unter dem Titel
The Boy Whose Wishes Came True
bei Scholastic Children's Books, London.

Coverillustration von Regina Kehn
Aus dem Englischen von Silke Jellinghaus
Satz: Pinkuin Satz und Datentechnik, Berlin
Druck und Bindung: CPI books GmbH, Leck
Printed in Germany
ISBN 978-3-85535-685-0

www.atrium-kinderbuch.com
www.instagram.com/atrium_kinderbuch_verlag

Für meine Mum

Eins

Man muss immer an seine Träume glauben.
– Lucas Bailey, Star-Stürmer der Valley Rovers

Ich habe letzte Nacht geträumt, dass ich von einem Riesenhamster gefressen werde.
– Archie Crumb

Früher wollte meine Mum ständig, dass ich mir etwas wünschte. Bei den üblichen Anlässen – wenn ich am Geburtstag die Kerzen auf meinem Kuchen auspustete, wenn ich eine Wimper fand oder einen Regenbogen sah – und bei einer Million anderer Gelegenheiten, die sie sich ausdachte.

Wenn wir etwas genau gleichzeitig sagten:

»Wünsch dir was!«

Wenn wir eine Feder oder irgendeinen Vogel sahen – und wenn es auch nur eine langweilige, einbeinige Taube war:

»Wünsch dir was, Archie!«

Selbst bei wirklich widerlichen Anlässen:

»Igitt, Mum, da ist eins deiner Haare in meinem Spiegelei!«

»Wünsch dir was, Archie. Schnell!«

»Äh … Ich wünschte, es wäre kein Haar in meinem Spiegelei!«

Wenn wir unter einer Brücke durchgingen, wenn ein Zug vorbeifuhr, wenn ich mir den Ellbogen stieß, wenn der Wind mir Blätter ins Gesicht wehte oder wenn Schnee fiel. Meiner Mum zufolge war all das einen Wunsch wert.

»Was du dir nicht wünschst, kann auch nicht wahr werden, oder?«

Bei so vielen Wünschen weiß man irgendwann gar nicht mehr, was man sich wünschen soll. Am Anfang war es noch einfach. Ich wollte Millionär werden, fliegen können, coole Turnschuhe haben oder eben noch mehr Wünsche. Keiner dieser Wünsche ging in Erfüllung – ich glaube, das tun sie nie. Meine jedenfalls nicht.

Ich heiße Archie Crumb, und ich bin ein ziemlich unbrauchbarer Mensch. Denn ich gehöre zu den Kindern, die nichts können, und ich meine wirklich, GAR NICHTS. Alle Menschen haben Schwächen, aber die meisten Leute haben zumindest irgendeine Stärke. Wer schlecht in Mathe ist, ist vielleicht ziemlich gut in Kunst. Und die Kinder, die im Unterricht nicht mitkommen, können zum Beispiel sehr schnell rennen oder sehr hoch springen oder schießen beim Fußball alle Tore.

Sogar Felix Ratton aus meiner Klasse, der kein einziges Wort richtig schreibt, kann einen Rasenmäher auseinandernehmen und wieder zusammenbauen. Davon wussten wir nichts, bis er auf dem Schulfest einen Preis gewann. Der Preis bestand darin, dass er einen Tag lang Lehrer sein durfte (was für mich ehrlich gesagt eher nach einer Strafe als nach einem Preis klingt!). Alle gingen davon aus, dass Felix ein miserabler Lehrer sein würde, aber es wurde der beste Tag überhaupt! Felix erzählte uns, dass er sechs Rasenmäher habe, die er in Müllcontainern gefunden und zu Hause wieder repariert hatte. Offenbar ist er immer auf der Suche nach kaputten Rasenmähern. Und er kann an ihrem Geräusch sogar die Marke erkennen. Bis zu dem Tag, an dem er unser Lehrer wurde, wusste keiner von seiner Rasenmäher-Leidenschaft, und wir waren ziemlich beeindruckt.

Am Tag nach Felix' Unterricht habe ich versucht, Dads nagelneuen Rasenmäher auseinanderzunehmen und wieder zusammenzubauen, um zu sehen, ob das vielleicht auch *mein* verborgenes Talent sein könnte. Am Ende saß ich völlig verschwitzt inmitten von Metallteilen und Schrauben und hatte keine Ahnung, was wohin gehörte. Dad und seine neue Frau Julie waren megasauer. Rasenmäher bauen ist also definitiv nicht mein geheimes Talent.

Lehrer sagen immer, dass jeder irgendwas gut kann, aber was mich angeht, verliere ich langsam die Hoffnung. Ich habe absolut keine besonderen Fähigkeiten und bin in jedem Fach schlecht. Ich kann das Einmaleins nicht, meine Rechtschreibung ist grauenvoll, meine Handschrift ist das reinste Gekrakel, und als ich meiner Mum das letzte Mal ein Bild gemalt habe, dachte sie, es sei eine Teekanne, obwohl es eigentlich ein Schiff sein sollte. (Wieso um alles in der Welt hätte ich eine Teekanne malen sollen?!) Ich kann nicht geradeaus laufen, ohne zu stolpern, geschweige denn einen Ball richtig kicken. Und sogar bei Computerspielen bin ich eine Niete.

Das bin also ich: Archie Crumb, ein ziemlich unbrauchbarer Mensch. Und bisher hat kein Wunsch etwas daran geändert.

Seit einer Weile sagt Mum aber auch nicht mehr dauernd, dass ich mir etwas wünschen soll. Die meiste Zeit liegt sie im Bett und schläft – oder tut jedenfalls so. Früher, als ich klein war, habe ich mich auch manchmal schlafend gestellt. Der Trick dabei ist, ganz langsam zu atmen. Mum atmet immer zu schnell, wenn sie nur so tut, deshalb weiß ich, dass sie nicht wirklich schläft.

Ich bin mir nicht sicher, warum sie das macht. Vielleicht ist sie zu müde, um zu reden. Für mich ist das in Ordnung. Wenn ich von der Schule nach Hause komme und sie wieder im Bett liegt, mache ich mir Ravioli aus der Dose und sortiere meine Fußballsticker-Sammlung. Manchmal nehme ich meine Ravioli auch mit ins Bett, mache es mir mit meinen Aufklebern gemütlich und schreibe Listen, welche Sticker ich schon habe und welche ich noch brauche. Ich liebe die roten, glänzenden Päckchen und kenne alle Zahlen und Fakten zu den einzelnen Spielern.

Auf der Rückseite der Päckchen stehen motivierende Sprüche. So ähnliche Sprüche wie auf den Bildern, die

Julie und Dad in ihrem neuen Wohnzimmer aufgehängt haben und auf denen LEBE LACHE LIEBE steht – nur besser. Ich liebe diese Zitate – vor allem die von Lucas Bailey, meinem absoluten Lieblingsfußballer – und versuche immer, die Ratschläge zu befolgen. Manchmal klappt es aber auch nicht. Ich meine, wie soll man seine Träume verfolgen, wenn man nicht einmal weiß, welche Träume man hat? Ich habe keine Ahnung, was ich mit meinem Leben anfangen will, und frage mich immer, wieso andere Kinder das schon zu wissen scheinen. Wir sind doch erst elf! Aber irgendwie steht es für alle anderen schon fest: Maus will Anwältin werden, Martha will Hundefriseurin werden, Kiran Schlittschuhläuferin, und die meisten Jungs wollen Fußballspieler werden.

Bei mir besteht nicht die geringste Chance, dass ich jemals Fußballer werde, also bleibe ich lieber bei meinen Aufklebern. Ich besitze einen RIESIGEN Stapel von Stickern, die ich doppelt habe, wahrscheinlich den größten von allen in der Schule. Manche Kinder machen die dümmsten Tauschgeschäfte, zum Beispiel fünfzig doppelte Aufkleber für einen glänzenden, aber ich liebe meine doppelten. Und erst recht meine zweiundfünfzig Lucasse, die ich in einem eigenen Stapel aufbewahre. Lucas Bailey ist einfach klasse. In der letzten Saison hat er fünfunddreißig Tore geschossen und war damit bester Torschütze der Liga. Er ist hier in der Gegend aufgewachsen und früher sogar auf meine Schule gegangen. Überall in den Fluren hängen Bilder von ihm, und am Empfang ist ein großer Schaukasten mit Zeitungsausschnitten und Interviews.

Manchmal spreche ich mit dem Sticker-Lucas. Ich weiß, es klingt bescheuert, und um ehrlich zu sein, finde ich es selbst verrückt – aber ich mache es trotzdem. Wenn Aufkleber kleine Ohren hätten und hören könnten, dann wüsste Sticker-Lucas unfassbar viel über mich. Er wüsste, dass Maus meine beste Freundin ist und dass sie besser Fußball spielt als alle anderen Mädchen der Schule und auch als die meisten Jungs. Wir üben immer in ihrem Garten Elfmeter, und sie hat noch NIE einen verschossen. Sie ist unglaublich gut.

Sticker-Lucas wüsste, dass die B-B-Gang schrecklich ist und über JEDEN gemeine Dinge sagt. Er wüsste, dass ich heute geschummelt und bei Marthas Mathe-Test gespickt habe. Er wüsste auch, dass ich deswegen dann so ein schlechtes Gewissen hatte, dass ich alle Antworten durchgestrichen und null von zwanzig Punkten bekommen habe.

Er wüsste, dass die Neun meine Glückszahl ist, weil es seine Trikot-Nummer ist, und dass ich manchmal im Kopf Dinge neunmal wiederhole, damit sie wahr werden, oder neunmal auf den Tisch klopfe, damit es mir Glück bringt. Und er wäre der einzige Mensch auf der Welt, der wüsste, dass Mum diese Woche nur einmal aus dem Bett aufgestanden ist.

Irgendwann wird es ihr wieder besser gehen, das hat sie mir versprochen. Sie sagt, sie braucht bloß Zeit. Ich weiß, dass sie sich Mühe gibt. Letztes Ostern hat sie für uns einen Urlaub in Scarborough gebucht, und wir haben uns wochenlang auf die Spielautomaten und das Meer gefreut. Doch eine Woche vor unserer Abreise blieb sie wieder im Bett. Länger und länger. Ich wusste sofort, dass der Urlaub gestrichen war. Am Tag bevor wir in den Zug steigen sollten, weinte sie und entschuldigte sich tausendmal. Am Ende musste ich sie trösten, obwohl ich selbst schrecklich enttäuscht war.

So ist das manchmal mit meiner Mutter: Sie stiehlt alle Gefühle, sodass für mich keine mehr übrig sind. Zu meinem letzten Geburtstag wollten wir eine richtige Übernachtungsparty mit Popcorn und einem Filmabend machen. Wir hatten das Haus aufgeräumt und alles vorbereitet. Aber an dem Tag, als ich die Einladungen mit in die Schule nehmen wollte, wurde sie unsicher und sagte, sie sei nicht bereit, das ganze Haus voller Leute zu haben. Also gab es für mich anstelle der geplanten Party ein Abendessen bei Maus.

Mum findet immer einen Grund, warum sie zu keiner Schultheater-Aufführung, keinem Sporttag und keinem Elternabend gehen kann. So ist es nun mal, und sie kann ja auch nichts dafür, oder? Sie will ja gar nicht so sein. Aber warum bin ich dann manchmal so wütend auf sie?

Ich darf auch niemandem sagen, dass sie im Bett bleibt. Sie meint, dann würden sich alle Sorgen machen und sich einmischen, und das sei das Letzte, was sie gebrauchen könne. Und vielleicht hat sie recht. Wenn sie an manchen Tagen schon zu müde ist, um mit *mir* zu sprechen, kann man sich vorstellen, wie schlimm es für sie wäre, wenn hier ständig Lehrer anrufen würden.

Wenn ich mal bei Dad bin, fragt er mich immer: »Wie geht es deiner Mum?«, aber ich weiß, dass das keine echte Frage ist. Es gibt jede Menge unechter Fragen. Wenn sich Erwachsene auf der Straße begegnen und »Hallo, wie geht's?« sagen, ohne auch nur anzuhalten, um die Antwort zu hören, ist das doch keine richtige Frage. Wozu sollte man sie also stellen? So ist es auch bei Dad. Er will gar keine richtige Antwort, und deshalb sage ich nur: »Wie immer.« Damit ist er zufrieden, und ich muss ihn nicht anlügen. Aber die ganze Wahrheit ist es auch nicht.

Ich HASSE Lügen. Mein Vater ist ein Lügner. Als ich sieben war, hat er mir die größte Lüge aller Zeiten erzählt. Ich hörte, wie er und Mum sich in der Küche anschrien, und als ich nach unten kam, sagte er mir, ich solle mir keine Sorgen machen.

»Alles wird gut, Archie.« Das waren seine Worte.

Tja, wurde es nicht. Meine Eltern schrien sich auch weiterhin monatelang an, bis er eines Tages auszog. Jetzt ist er mit Julie verheiratet, die lange glänzende Haare hat und baumelnde Ohrringe trägt. Sie haben meine Schwester Scadge bekommen, die mein Vater eindeutig viel mehr liebt als mich. Ungefähr zu dieser Zeit begann Mum sich schlecht zu fühlen und musste sich oft ausruhen. Vor einem Jahr verlor sie dann auch noch ihren

Job und hat deshalb nun nichts mehr, wofür sie aus dem Bett steigen müsste.

Wie schon gesagt, gar nichts war »gut«. Also glaube ich jetzt nichts mehr, was Dad sagt.

Jedes zweite Wochenende bin ich bei ihm und Julie zu Hause. Der einzige Grund, warum ich mich auf diese Wochenenden freue, ist Scadge, obwohl sie total verwöhnt ist und alles bekommt, was sie will. Aber sie bringt mich wirklich zum Lachen. Sie ist drei und heißt eigentlich Scarlett, aber ich nenne sie Scadge. Julie HASST das.

»Archie, bitte nenn sie nicht so. Das klingt, als wäre sie ein Straßenkind.«

Aber Scadge liebt ihren Spitznamen. Immer, wenn Julie mich dafür schimpft, singt sie: »Scadgy Scadgy Scadgy scoo!«, und macht Furzgeräusche mit ihrer Zunge.

»Entzückend!«, sagt Julie dann säuerlich, und Scadge und ich lachen und singen das Scadge-Lied weiter.

Scadge ist völlig besessen von Einhörnern. Ihr ganzes Zimmer ist mit ihnen vollgestopft und riecht immer nach Brausepulver.

Diese Woche ist wieder so ein Wochenende bei Dad und Julie. Sofort nachdem ich angekommen bin, gehe ich mit Scadge in den perfekten Garten, der aussieht, als wäre jeder Grashalm mit einer Friseurschere geschnitten worden, und bringe ihr bei, wie man kickt. Sie ist der einzige Mensch auf der Welt, den ich im Fußball schlagen kann.

Scadge scheint Spaß zu haben, sie quiekt jedes Mal,

wenn sie versucht, den Ball zu treffen. Doch dann wird sie übermütig, fängt an zu kreischen und zu tanzen, fällt über den Ball und macht ihr Kleid schmutzig, und natürlich bekomme ich den Ärger.

»Wie in aller Welt siehst du denn aus, Scarlett Rose! Danke, Archie, vielen Dank!«, sagt Julie schnippisch. »Zieh dich bitte um, Scarlett, und überleg dir ein ruhigeres Spiel.«

Scadge trottet ins Haus, und Dad folgt ihr, sodass nur noch Julie und ich übrig bleiben. Ich starre auf meine Füße. Immer wenn ich bei Dad und Julie bin, komme ich mir in ihrem Haus so groß vor, obwohl ich eigentlich ziemlich klein bin. Dauernd stoße ich was um und verschütte Getränke, und jedes Mal macht Julie ein riesiges Theater, bis alles wieder sauber und ordentlich ist. Bis jetzt habe ich an diesem Wochenende noch nichts kaputt gemacht oder umgeworfen, aber es ist ja immer noch Zeit.

Ich glaube, Julie mag es nicht besonders, wenn ich in ihrem Haus bin. Sie sieht immer sehr unbehaglich aus, und wenn wir allein in einem Raum sind, macht sie dieses seltsame Geräusch, eine Mischung aus Lachen und Seufzen. Jetzt gerade auch wieder.

»Hahmmm.«

Ich bin mir nicht sicher, was das Geräusch bedeutet, und weiß nie, was ich danach tun soll. Soll ich das Geräusch auch machen? Oder etwas sagen? Oder einfach die seltsame Stille aussitzen?

Nachdem ich ein paarmal einfach nur stumm ein- und

ausgeatmet habe, sage ich das Erste, was mir in den Sinn kommt.

»Warum riecht euer Sofa so gut?«

Julies Gesicht leuchtet auf.

»Ich benutze eine Mischung aus Weichspüler und Wasser in einer kleinen Sprühflasche, Verhältnis fünfzig-fünfzig. Hier, schau!« Sie holt eine hübsche Glasflasche aus einer Schublade und fragt mich, ob ich »mal sprühen« möchte.

Ich nehme die Flasche. Sie hat die Form einer Wolke und besteht aus durchsichtigem Glas mit blauen Wirbeln darin. Sie sieht so aus, als würde sie teures Parfüm enthalten und nicht bloß Sofaspray. Ich halte sie vorsichtig in den Händen, und nachdem ich das Muster im Glas betrachtet habe, drücke ich den Sprühkopf einmal herunter.

»Der Weichspüler heißt *Sommerbrise* und ist mein absoluter Lieblingsduft«, sagt Julie. Sie schließt die Augen und atmet tief ein. Dabei sieht sie glücklich und erleichtert aus, wahrscheinlich weil wir jetzt etwas gefunden haben, worüber wir reden können.

Während ich die Sommerbrise erschnuppere, frage ich mich, wie vielen elfjährigen Jungs außer mir Julie schon begegnet ist. Nicht vielen, schätze ich.

Wenn ich das nächste Mal einkaufen gehe, werde ich nach dem Weichspüler *Sommerbrise* Ausschau halten, damit unser Sofa genauso gut riecht wie das von Julie. Obwohl der wahrscheinlich zu teuer ist. Ich habe versucht, unser Haus zu putzen und so sauber wie möglich zu halten, aber es gelingt mir nicht so richtig. Auf unserem Teppich ist ein riesiger Fleck an der Stelle, wo ich Tomatensuppe verkleckert habe, und es riecht immer ein bisschen eklig, egal was ich mache. Wenn ich zu Hause bin, rieche ich es nicht. Erst wenn ich weg war und wieder reinkomme, fällt es mir auf.

Nachdem ich mich dreimal von Scadge bei ihrem neuen Einhorn-Spiel habe schlagen lassen, ruft Julie uns zum Mittagessen. Auch hier sieht alles viel besser aus als bei mir zu Hause. Die Teller passen zueinander, und das Besteck hat rot gepunktete Griffe. Scadge erzählt aufgeregt, dass sie mich geschlagen hat.

»Das nächste Mal, wenn du kommst, Archibald, schlage ich dich wieder, und dann wieder und dann wieder«, sagt sie und lacht vergnügt.

Ich wünschte, ich hätte ihr nie gesagt, dass manche Leute, die Archie genannt werden, eigentlich Archibald heißen. Seitdem nennt sie mich immer so.

Dad lacht auch. Aber dann räuspert er sich und setzt ein ernstes Gesicht auf, und ich weiß, dass jetzt etwas Schlechtes kommt.

»Apropos nächstes Mal, Archie …« Er sieht mich nicht an, während er eine aus seinem Mund baumelnde Nudel schlürft. »Ich fürchte, wir müssen das übernächste Wochenende verschieben.«

Ich weiß, was »verschieben« bedeutet – es bedeutet absagen. Papa »verschiebt« unsere Wochenenden ständig.

»Julies Freundin hat uns für das Wochenende ihren Wohnwagen in Wales angeboten, da konnten wir nicht Nein sagen.«

Julie macht wieder dieses eigenartige Geräusch, »Hahmmm«, und dann sitzen wir alle da und schweigen uns an. Sogar Scadge ist ausnahmsweise still. Man hört nur das Klirren des Bestecks.

Als ich es nicht mehr aushalte, frage ich mit einer Stimme, die lauter und weit weniger lässig klingt, als ich möchte: »Kann ich mitkommen?«

»Ja!«, schreit Scadge begeistert und lässt den Löffel auf ihren Teller fallen. »Ich will, dass Archibald auch mitkommt! Dann kann ich mein Spiel mitnehmen und ihn wieder und wieder und wieder schlagen.«

Dad blinzelt, dann wuschelt er ihr durchs Haar.

»Das geht nicht, Schätzchen«, sagt er. Damit hat er zwar ihr geantwortet, aber ich weiß, dass er in Wirklichkeit mit mir redet. »Wir würden uns alle freuen, wenn Archie mitkäme, aber der Wohnwagen ist wirklich winzig, und er ist doch schon ein großer Junge. Ich bin mir sicher, dass er nicht ein ganzes Wochenende lang mit uns eingesperrt sein möchte!«

Die Wahrheit ist, dass ich sehr gerne ein Wochenende lang mit ihnen eingesperrt wäre, doch als ich das sagen will, rutscht meine Gabel vom Teller und landet auf den glänzenden weißen Fliesen. Julie holt tief Luft und macht kleine zwitschernde Geräusche, während sie um uns herumflattert und sauber macht.

»Siehst du, Scarlett, Archie in einem Wohnwagen, das würde einfach nicht funktionieren!« Dad gluckst und zerzaust auch mein Haar, als hätte sich die Sache damit erledigt.

»Soll ich stattdessen nächstes Wochenende kommen?«, frage ich.

Dad wirft Julie einen Blick zu.

»Tja, also, nächstes Wochenende hat Scarlett Geburtstag …«, sagt er langsam.

»Biiitte!«, fleht Scadge.

»Äh …«

»Bitte, bitte, bitte!«

Papa schaut wieder zu Julie, die mit den Schultern zuckt und leicht nickt.

»Natürlich solltest du kommen. Was für eine gute Idee!«, sagt Dad übertrieben fröhlich, aber ich kann spüren, dass er die Idee überhaupt nicht gut findet. Und Julie offensichtlich auch nicht.

»Hahmmm.«

Plötzlich will ich einfach nur weg aus diesem Haus mit seinen glänzenden Oberflächen und dem süßen Geruch. Ich kann es kaum erwarten, dass es vier Uhr wird und ich zum Abendessen zu Maus rüberfahren kann.

Es ist kein schönes Gefühl, im Haus meines Vaters nicht willkommen zu sein. Vielleicht bilde ich mir das ja alles nur ein, und sie wollen mir dieses Gefühl gar nicht geben. Scadge liebt mich, das weiß ich, und wir haben irre viel Spaß zusammen. Aber wenn ich sehe, wie sich

Dad und Julie anschauen – wenn ich die Panik in ihren Augen erkenne bei dem Gedanken, sich zwei Wochenenden hintereinander mit mir abgeben zu müssen –, dann weiß ich, dass sich dieses Haus für mich nie wie ein Zuhause anfühlen wird.

Das Problem ist, dass sich mein richtiges Zuhause auch nicht mehr wie ein Zuhause anfühlt. In einem richtigen Zuhause riecht es nicht gammelig, und es liegt auch nicht ständig jemand im Bett, der so tut, als würde er schlafen, oder? Es kommt mir so vor, als hätte ich gerade keinen Ort, an dem ich wirklich zu Hause bin.

Zwei

Auch wenn man am Boden liegt, kann man noch zu den Sternen aufschauen.

– Lucas Bailey

Die einzigen Sterne, die ich sehe, sind die Leuchtsterne an meiner Zimmerdecke, die schon lange nicht mehr funktionieren. Also schaue ich jetzt nur noch auf Plastik.

– Archie Crumb

Den Rest des Nachmittags über verstecke ich mich in meinem Zimmer. Wenn ich »mein Zimmer« sage, meine ich das Gästezimmer, in dem ich schlafe, wenn ich hier bin.

Es ist weiß gestrichen, und in der Ecke steht ein Heimtrainer. Außerdem gibt es einen riesigen Gymnastikball, auf dem ich manchmal herumhüpfe, mehrere große Spiegel an der Wand und ein riesiges rosa Glitzerbild in einem silbernen Rahmen, auf dem steht:

Sei das Mädchen,
das beschlossen hat, alles zu geben!

Das Bild sorgt dafür, dass ich mich schlechter fühle als je zuvor.

Ich liege auf dem Bett, betrachte die glitzernden Worte und frage mich, ob Dad und Julie jemals darüber nachgedacht haben, dass es vielleicht nicht das beste Bild für die Schlafzimmerwand eines elfjährigen Jungen ist. Vor Ewigkeiten haben sie mir versprochen, neues Bettzeug und ein paar Poster für mich zu kaufen, damit sich der Raum mehr wie mein Zimmer anfühlt, aber dazu ist es nie gekommen. Noch so eine Lüge also. Ehrlich gesagt könnten sie nicht eindeutiger zeigen, dass dies definitiv NICHT mein Zimmer ist. Manchmal nennt Julie es sogar versehentlich den »Fitnessraum« und muss sich dann schnell korrigieren.

»Schatz, könntest du den Staubsauger von oben aus dem Fitnessraum mitbringen … ich meine, aus Archies Zimmer?«

Nachdem ich zehn Minuten dort gelegen habe, kann ich das blöde Bild nicht mehr sehen. Ich stehe auf und nehme es von der Wand. Als es vom Haken gleitet, ist es schwerer, als ich erwartet habe, und rutscht mir entgegen. Meine Finger verlieren den Halt, und bevor ich es auffangen kann, fällt es auf den Boden.

O nein, ich mag gar nicht hinschauen. Ich knie mich auf den dicken Teppich und hoffe inständig, dass das Bild nicht kaputtgegangen ist. Doch als ich langsam unter den Rahmen schaue, sehe ich einen langen Riss, der sich von oben bis unten durchzieht. Ich werde auf keinen Fall zu Julie und Dad gehen und ihnen sagen, was ich angestellt habe. Stattdessen lehne ich das Bild umgedreht an die Wand und klemme den Gymnastikball davor, in der Hoffnung, dass Julie ein paar Tage lang nicht trainieren wird. Wenigstens muss ich das blöde Ding jetzt nicht mehr sehen!

Ich mache mich eine Stunde früher auf den Weg zu Maus – sie wird nichts dagegen haben, und Dad und Julie bemerken es nicht einmal. Wahrscheinlich sind sie später einfach froh, dass ich schon weg bin.

Ich esse jeden Sonntagabend bei Maus. Danach schauen wir das Samstagsspiel in der Wiederholung, und Maus und ich brüllen den Bildschirm an. Ich LIEBE es. Früher habe ich mir die Spiele mit Dad angesehen, aber Julie mag Fußball nicht, also war es damit auch vorbei.

Das Haus von Maus ist das genaue Gegenteil von Dads und Julies Haus. Es ist total vollgestopft, aber mit schönen Sachen, nicht nur mit leeren Verpackungen und anderem Müll wie unseres. In den Regalen stehen lauter Fotos, Schneekugeln und Dinge, die Maus in der Schule gebastelt hat. Ihr Kühlschrank ist mit Magneten und Bildern bedeckt, und sie haben so viele Haustiere, dass überall Meerschweinchenhäuschen und Hundebetten herumstehen.

Mein Lieblingshaustier von Maus ist Flump, die kleine weiße Albino-Rennmaus. Jedes Mal, wenn ich vorbeikomme, setze ich Flump auf mein Knie, und dann wühlt sie in meiner Tasche oder huscht meinen Ärmel hinauf.

Ich wünschte, meine Mum würde mir auch erlauben, ein Haustier zu haben. Ich möchte nur eine kleine Rennmaus wie Flump, aber Mum sagt: »Nagetiere stinken das Haus voll und übertragen lauter Krankheiten.« Ich frage mich allerdings, ob sie es überhaupt bemerken würde. Ich könnte mir einfach eine Rennmaus kaufen und sie in meinem Zimmer halten. Mum war schon seit Monaten nicht mehr in meinem Zimmer.

Insgesamt leben dreiundzwanzig Tiere bei Maus und ihrer Familie. Maus sagt, sie seien alle ihre Pelzbrüder und Pelzschwestern. Doch nicht nur deshalb fühlt sich ihr Haus so lebendig an. Dauernd läuft das Radio, und ihre Eltern unterhalten sich oder singen mit oder pfeifen. Maus' Mum Zoe macht Yoga und meditiert, und als ich heute Abend ankomme, höre ich komische Geräusche aus dem Wohnzimmer.

»Was macht deine Mum da?«, flüstere ich Maus zu und lausche den seltsamen Tönen, die durch die Tür dringen.

»Singen«, sagt Maus.

»Warum?«, frage ich.

»Sie denkt über Sachen nach und schickt dann mit dem Gesang ›positive Botschaften‹ ins Universum. Sie sagt, wenn man Gutes aussendet, bekommt man auch Gutes zurück.«

»Und wie ist das mit schlechten Sachen?«, frage ich.

Sie zuckt mit den Schultern. »Genau gleich, denke ich.«

Ich weiß nicht, warum, aber ihre Worte lassen mir einen Schauer über den Rücken laufen.

Bedeutet das etwa, dass ich schlechte Gedanken ins Universum hinausgeschickt habe und deshalb schlechte Dinge zurückbekomme? Wenn ich dem Universum gute Dinge geschickt hätte, wäre ich dann vielleicht von Dad zu dem Ausflug mit dem Wohnwagen eingeladen worden?

Maus nimmt mich mit in die Küche und macht uns eine Saftschorle. Ich lausche Zoes Gesang und beobachte, wie sich der Saft mit dem Wasser vermischt. Dabei spüre ich, wie ich im »Archieland« versinke. So haben Mum und Dad es früher immer genannt, wenn ich tief in Gedanken versunken dasaß und nichts anderes mehr mitbekam.

Ich rufe Archie. Erde an Archieland.

Hattest du eine gute Zeit im Archieland? Und hast du uns eine Postkarte geschickt?

Momentan bin ich oft und lange im Archieland. Letzte Woche war ich nach dem Schwimmunterricht dort. Alle anderen haben sich umgezogen, sind nach draußen gegangen und in den Minibus eingestiegen, aber ich habe es nicht einmal bemerkt. Ich habe einfach ganz langsam meine Badehose aufgeschnürt und sie dann wieder zugebunden, immer und immer wieder. Nach zwanzig Minuten kam Mrs Mather in die Umkleidekabine gestürmt, aber ich saß immer noch in meiner Badehose da und knotete die Kordel auf und zu.

»Was in aller Welt treibst du da?«, fragte Mrs Mather.

»Ich ziehe mich an?«

»Archie, der Unterricht ist schon lange vorbei. Der Minibus wartet – alle sitzen schon drin.«

Ich zuckte mit den Schultern, und sie seufzte. »Komm schon, du Trantüte.«

Weil keine Zeit mehr war, musste ich in mein Handtuch eingewickelt in den Minibus steigen.

Das war natürlich ein gefundenes Fressen für die B-B-Gang.

»Nackter Archie Crumb,
Mummy zieht dich an.
Sonst brauchst du viel zu lang,
Dass man den Hintern sehen kann!«

Diesen Song sangen sie ununterbrochen für den Rest der Woche.

Meine Ausflüge ins Archieland können einigen Leuten wirklich auf die Nerven gehen, wie zum Beispiel Mrs Mather, aber manche finden sie auch interessant. Zoe will zum Beispiel immer wissen, was ich denke, wenn ich »mich ausklinke«.

»Ist das ein Fantasieland mit Tieren und so?«, fragte sie mich einmal, als wir beim Abendessen saßen. Ich hatte zehn Minuten lang eine Spaghetti in der Luft gedreht, und die anderen hatten mir alle kichernd zugesehen.

»Nicht wirklich. Ich denke nicht an etwas Spezielles. Es ist wie ein leerer Raum.«

»Buddhistische Mönche können so einen Zustand

tiefer Meditation erreichen, aber die meisten Menschen können das nicht. Das ist wirklich außergewöhnlich, Archie. Du musst nur lernen, es zu kontrollieren, damit du nicht in Schwierigkeiten gerätst, denn anders als ein Mönch musst du zur Schule gehen.«

Ich mag Zoe. Sie trägt lange Kleider und hat meistens Gartenhandschuhe an. Sie kennt mich schon mein ganzes Leben und hat immer den besten Saft im Kühlschrank. Das Zeug mit den Stückchen drin, das schmeckt, als ob man im Urlaub wäre.

Mum und Zoe waren befreundet, als Maus und ich noch klein waren, aber seit es Mum schlecht geht, schreibt sie den Leuten Nachrichten, dass sie sie in Ruhe lassen sollen. Das weiß ich, weil ich eine davon gesehen habe, als ich einmal ihr Handy ans Ladekabel gehängt habe. Es kam ein ziemlich schlimmes Schimpfwort darin vor. Nach einer Weile hat sich tatsächlich niemand mehr bei Mum gemeldet. Ich schätze, man lässt sich nicht gern mehrmals von jemandem per SMS beschimpfen. Zoe versucht es trotzdem ab und zu. Sie gibt mir Zettel mit Nachrichten mit oder ruft an, aber Mum geht schon lange nicht mehr ans Telefon.

Als ich aus Archieland zurückkomme, ist Maus' Vater in der Küche und kocht etwas, das köstlich duftet. Das Radio läuft, und er pfeift dazu. Bei mir zu Hause ist es immer so still. Wir haben nicht mal ein Radio, das man einschalten könnte. Manchmal lasse ich den Fernseher im Hintergrund laufen, wenn ich mir abends was zu essen mache, um ein bisschen Leben in die Bude zu bringen. Aber irgendwie wirkt das Haus dadurch noch leerer. Einmal habe ich versucht, vor mich hin zu singen, während ich mir einen Toast schmierte, aber meine Stimme ist schrecklich, deswegen habe ich schnell wieder aufgehört.

Zoe kommt herein und wuschelt Maus und mir durch die Haare. Maus' Dad zieht eine Schnute, als würde er sich ausgeschlossen fühlen, und senkt seinen kahlen Kopf, also tut sie so, als würde sie auch sein nicht vorhandenes Haar verwuscheln, und alle kichern. Zum Abendessen gibt es Shepherd's Pie, der total lecker schmeckt. Dann sehen Maus und ich uns das Spiel an – und die Valley Rovers gewinnen deutlich mit 3:0! Danach ist es Zeit für mich, nach Hause zu gehen. Zoe packt mir die Reste des Abendessens in eine Auflaufform.

»Das erspart deiner Mum das Kochen«, sagt sie. Nach einem kurzen Zögern fährt sie fort. »Grüß sie von mir, ja? Sag ihr, sie kann mich jederzeit anrufen, ich würde mich gerne mal wieder mit ihr unterhalten!«

Ich nehme die Auflaufform entgegen und nicke, obwohl ich weiß, dass meine Mum nicht ans Telefon gehen wird.

Als ich in die kalte Luft hinaustrete, ruft Maus mir hinterher: »Vergiss nicht den Mathe-Test morgen!«

Mist, den hatte ich tatsächlich völlig vergessen!

Nachdem sie die Tür geschlossen hat, sehe ich ihre Mum und ihren Dad durch die Milchglasscheibe hindurch reden und lachen. Sonntagabends möchte ich nie nach Hause. Ich fühle mich so schön warm und satt und will nicht zurück in unser stilles Haus. Besonders nicht heute Abend. Mum ging es gestern sehr schlecht, als ich gegangen bin. Ihr Gesicht war rot und fleckig, und sie hat nicht geantwortet, als ich mich verabschiedet habe. Ich frage mich, ob sich nach Hause gehen für mich immer so anfühlen wird.

Dann denke ich über das nach, was Maus gesagt hat, über diese Sache, dass man positive Botschaften ins Universum schicken soll. Gutes aussenden, um Gutes zurückzubekommen. Wie schickt man überhaupt etwas an das Universum?

Ich versuche, positiv zu denken, aber es ist wirklich schwer. Das Einzige, was mir in den Sinn kommt, ist der Weichspüler *Sommerbrise.* Aber was soll's, das ist immerhin besser als nichts. Ich stehe in der eisigen Luft, halte mich an dem warmen Pie fest, schließe die Augen und denke fest an den Weichspüler. Ich kann ihn beinahe riechen und stelle mir vor, wie meine Gedanken in den Himmel hinaufschweben.

Wenn ich Sommerbrise *bekomme, wird es zu Hause bald sauber und angenehm riechen. Und dann schiebe ich den Shepherd's Pie in den Ofen und schalte den Fernseher ein, und dann wird es nicht so einsam sein.*

Mehr positive Gedanken bringe ich heute nicht zustande. Ich schicke sie ins Universum und schwinge mich auf mein Fahrrad. Dann fahre ich den Kopfsteinpflasterweg hinunter und versuche gleichzeitig, den Pie auf meinem Lenker zu balancieren und den größten Steinen auszuweichen, als mein Vorderrad in einem versteckten Schlagloch hängen bleibt.

Plötzlich läuft alles in Zeitlupe ab. Der Pie fliegt durch die Luft, und ich folge ihm über den Lenker. Ich sehe gerade noch, wie die Auflaufform auf dem Asphalt zerbricht, und habe eine Millisekunde Zeit, ein schlechtes Gewissen zu bekommen und mich zu fragen, wie ich das Zoe beibringen soll, bevor ich kopfüber auf dem Boden aufschlage und alles schwarz wird.

Drei

> Gestern ist schon Vergangenheit, und was morgen ist, kann niemand sagen. Doch heute hast du die Möglichkeit, etwas zu bewirken.
>
> *– Lucas Bailey*

> Ich weiß ja nicht einmal, welcher Tag heute ist?!
>
> *– Archie Crumb*

Als ich wieder zu mir komme, fühlt sich mein Gesicht warm an. Ich versuche, die Augen zu öffnen, aber irgendwie geht es nicht. Panik überflutet mich, und es dauert einen Moment, bis ich begreife, dass mein Gesicht mit Pie beschmiert ist.

Ich setze mich auf und wische mir das Gesicht ab. Dann bemerke ich, dass sich jemand über mich beugt. Zuerst sehe ich nur verschwommen, aber dann fokussieren sich meine Augen auf rot-weiße Streifen. Die Person scheint eine Art Sporttrikot zu tragen. Ich blinzle heftig, und dann erkenne ich es deutlich: das Trikot der Valley Rovers. Mein Blick gleitet daran hinunter und fällt auf zwei dunkle, muskulöse Beine, die in den unverkennbar unterschiedlichen Stollenschuhen stecken. *Das kann nicht sein*, denke ich, blinzle noch einmal heftig und reibe mir den schmerzenden Kopf. Mein Blick wandert hinauf zu einem lächelnden Gesicht, und ich erblicke den Menschen, von dem ich nie gedacht hätte, dass ich ihn jemals im echten Leben sehen würde.

Lucas Bailey.

Da steht er, in voller Montur, und streckt mir seine Hand hin. Es ist tatsächlich der echte LUCAS BAILEY! Das kann nicht wahr sein! Das kann doch AUF KEINEN FALL wahr sein!!

»Das sieht lecker aus«, sagt der echte Lucas Bailey grinsend, deutet auf den zermatschten Pie und ergreift meine Hand, um mich hochzuziehen.

»Bedien dich«, sage ich, immer noch komplett verwirrt. »Aber von einem Teller schmeckt es besser!«

Er lacht. »Das war ein heftiger Sturz, Kumpel. Geht's dir gut?«

»Ja«, sage ich und wische mir ein paar Kartoffelstückchen von den Augenlidern. »Der Auflaufform aber nicht. Und dabei gehört sie mir gar nicht.« Ich begutachte die Sauerei am Boden und hebe die Scherben auf.

»Stark! Machst du dir gerade wirklich mehr Sorgen um die Form als um deinen eigenen Kopf?!« Lucas gluckst. »Aber du hast recht, sie ist wohl nicht mehr zu retten.«

Er ist genau so, wie ich ihn mir vorgestellt habe. Als wäre er meiner Fantasie entsprungen und auf dem Bürgersteig gelandet.

Ich starre ihn ein paar Sekunden lang an und frage dann: »Was machst du denn hier?«

»Ich bin doch hier in der Nähe aufgewachsen.« Er deutet lässig die Straße hinunter, als wäre es völlig normal für ihn, an einem Sonntagabend in seinem Fußballtrikot durch diese Straße zu spazieren. »Komm, ich bringe dich nach Hause, für den Fall, dass dir schwindlig wird.«

Langsam laufen wir die Straße entlang, ich schiebe mein Fahrrad, und er trägt die zerbrochene Auflaufform. Währenddessen schaue ich immer wieder zu ihm rüber. Er ist so dicht neben mir, nah genug, dass ich ihn berühren könnte! Das kann doch nicht wahr sein, oder? Ich muss ziemlich hart mit dem Kopf aufgeschlagen sein. Wahrscheinlich wache ich bald mit Verbänden um den Schädel in einem Krankenhaus auf und merke, dass alles nur ein Traum war. Ich verdränge diesen Gedanken schnell wieder, denn ich möchte, dass dieser Moment so lange wie möglich andauert. Ich möchte so sehr, dass es wahr ist.

Wir gehen weiter über das Kopfsteinpflaster, seine Stollen klackern auf den Steinen. Eine Weile schweigen wir, aber es ist keine unangenehme Stille, die man mit einem von Julies Lach-Seufzern füllen müsste. Es ist eine angenehme, entspannte Stille. Ist es nicht seltsam, dass sich eine Stille völlig anders anfühlen kann als eine andere?

»Ihr habt gestern *so* gut gespielt. Das zweite Tor war unglaublich«, sage ich schließlich, als wir die Straße überqueren und ich einen Blick auf das Valley-Stadion erhasche, das über die Häuser ragt.

Lucas lächelt. »Ah, danke, Kumpel. Spielst du auch?«

»Ja, aber ich bin ziemlich schlecht. Ich werde nie in die Mannschaft gewählt.«

Er runzelt die Stirn. »Natürlich ist man schlecht, wenn man nie ausgewählt wird! Man muss spielen, um gut zu werden. Es macht mich wahnsinnig, zu hören, dass in den Schulen nur die besten Spieler ausgewählt werden. Jeder kann Spaß an Fußball haben, also sollten sie auch jeden spielen lassen.«

»Ja, genau! Bei uns spielt immer die gleiche Mannschaft. Meine beste Freundin Maus könnte eine der besten Fußballerinnen der Schule sein, aber sie wird nicht genommen, weil sie ein Mädchen ist.«

»Kumpel, das ist mies. Sag ihr, sie soll weitermachen, und du musst auch weitermachen, mein Freund, selbst wenn es schwierig ist.«

Ich weiß nicht, warum, aber plötzlich will ich ihm alles erzählen. All die Dinge, die ich dem Aufkleber-Lucas auch anvertraut habe. Also erzähle ich ihm, dass Mum unter der Dusche nicht mehr singt oder im Wohnzimmer kein Zumba mehr macht. Als wir am Briefkasten vorbeikommen, erzähle ich ihm, dass Bella, die Anführerin der B-B-Gang, »Penner« zu mir sagt, weil meine Schuluniform zu klein ist und wir uns keine neue Uniform leisten können. Als wir am Supermarkt vorbeigehen, erzähle ich ihm, dass Dad mit Julie und Scadge nach Wales fährt und mich nicht mitnehmen will, weil es in dem Wohnwagen »nicht genug Platz« gäbe. Dass es sich bei meinem Dad seit einiger Zeit immer so anfühlt, als ob es in seinem neuen Leben nicht genug Platz für mich gäbe.

Lucas Bailey hört einfach zu. Und als wir an meiner Haustür ankommen, kennt er meine gesamte Lebensgeschichte.

Er bleibt stehen und sieht mich an.

»Kumpel«, sagt er sanft, »ich glaube, du brauchst ein bisschen Hilfe.«

»Ich weiß«, sage ich. »Aber Mum möchte nicht, dass …«

Aber bevor ich ihm erklären kann, dass sie nicht mehr mit ihren Freunden spricht oder mit meinen Lehrern oder sonst jemandem, und dass sie auch nicht zum Arzt geht, unterbricht er mich.

»Nicht diese Art von Hilfe.«

Dann setzt er sich auf den Bordstein und deutet auf die Stelle neben sich. Ich setze mich hin.

»Weißt du, Archie, manchmal brauchen Menschen einfach ein wenig Glück, um zu sehen, was alles möglich ist. Damit sie ein bisschen Hoffnung bekommen und die Kraft, um an ihrer Situation etwas zu ändern.«

»Ein bisschen Glück könnte ich definitiv gebrauchen!«

»Gut, dann nimm es dir.«

»Wie meinst du das?«

Er sieht mich an und lacht. »Weißt du, früher habe ich nachts aus meinem Zimmerfenster das erleuchtete Stadion sehen können. Aber ich hätte damals nie gedacht, dass ich dort jemals spielen würde. Ich war zu dünn und auch ein bisschen zu frech. Niemand hat geglaubt, dass ich es schaffen könnte. Erst als ich anfing, an mich selbst zu glauben und mich wirklich auf diesem Spielfeld zu sehen, begann sich alles zu ändern.« Er sieht mich mit seinem freundlichen Gesicht an und fragt: »Was ist deine Glückszahl, Archie Crumb?«

»Neun«, sage ich, ohne zu zögern.

Er grinst, dreht sich um und zeigt auf die Zahl 9 auf seinem Shirt.

»Okay, Archie, pass auf. Wenn du morgen früh aufwachst, hast du neun Wünsche frei. Nicht mehr und nicht weniger. Du brauchst dir gar nicht erst noch mehr Wünsche wünschen oder so einen Quatsch. Alles, was du tun musst, ist, dir etwas vorzustellen und es dir dann laut zu wünschen. Denk ganz fest daran, denn wenn du es dir nicht vorstellen kannst, wird es nicht wahr werden.«

Ich blinzle ihn an. »Soll das ein Witz sein?«

Lucas schüttelt den Kopf. »Nein. Du kannst dir alles wünschen, was du willst – mit einer Ausnahme. Man kann sich nicht wünschen, dass sich andere Menschen *innerlich* verändern. Das heißt, du kannst dir nicht wünschen, dass jemand glücklicher, freundlicher oder mutiger wird. Darauf haben die Wünsche keinen Einfluss. Ansonsten ist alles möglich. Aber du musst bei deinen Wünschen ganz genau sein und die Sache clever angehen, Archie.«

»Wenn das nur so einfach wäre!«, sage ich, starre auf meine Schuhe und erinnere mich an all meine Wünsche, die nie in Erfüllung gegangen sind.

»Versuch es einfach. Was man sich nicht wünscht, kann auch nicht wahr werden, oder?«, sagt er.

»Das hat meine Mum auch immer gesagt!«, rufe ich und blicke zu ihm auf.

Doch Lucas Bailey ist verschwunden. Verwirrt schaue ich mich um, aber er ist nirgends zu sehen. Ich sitze ganz allein auf dem Bürgersteig, die zerbrochene Auflaufform auf dem Schoß. Wo ist er hin? Oder war das alles doch nur ein Traum?

Plötzlich bin ich völlig erschöpft. Das alles war einfach zu viel! Ich betaste meine Stirn und fühle eine riesige Beule. Mir fällt auf, was für einen seltsamen Anblick ich bieten muss, wie ich hier allein im Dunkeln mit Soße und Kartoffelbrei bedeckt auf dem Bürgersteig sitze. Also rappele ich mich auf und suche nach meinem Schlüssel.

Bevor ich die Tür öffne, halte ich inne und denke an Lucas' letzte Worte. Ich schließe die Augen und stelle mir vor, wie Mum in der Küche Käsenudeln macht oder eine unserer Lieblings-Quizsendungen anschaut. Ich stelle mir vor, dass sie mich anlächelt, wenn ich reinkomme, dass das Haus warm und hell ist und der Käseduft durch die Räume zieht.

Ich wünschte, es wäre wahr.

Aber ich spreche den Wunsch nicht aus, denn ich kann mir nicht vorstellen, dass irgendeine magische Kraft das alles wahr werden lassen könnte. Stattdessen drehe ich den Schlüssel um und betrete das kalte, dunkle Haus.

Vier

Du bist mutiger, als du denkst.

– Lucas Bailey

Du hättest mich schreien hören sollen, als ich letztens barfuß auf eine Schnecke getreten bin.

– Archie Crumb

Als ich am nächsten Morgen aufwache, fühlt sich die Welt irgendwie anders an. Als würde die Sonne heller scheinen und als wäre der Piepton meines Fußballweckers lauter als sonst.

Nachdem ich mich zur Seite gewälzt und die Schlummertaste gedrückt habe, sehe ich meine doppelten Lucas-Bailey-Sticker auf dem Nachttisch. Ich kann mich nicht erinnern, sie dorthin gelegt zu haben, und als ich nach ihnen greife, bekomme ich plötzlich so etwas wie einen kleinen elektrischen Schlag. Vor Schreck lasse ich die Aufkleber auf die Bettdecke fallen, wo sie in alle Richtungen rutschen und die vielen kleinen Lucasse zu mir aufschauen. Und da erinnere ich mich schlagartig wieder daran, was gestern Abend passiert ist.

Manchmal brauchen Menschen einfach ein wenig Glück, um zu sehen, was alles möglich ist.

Ich nehme einen der Aufkleber in die Hand. »Ha! Da muss ich mir wohl ganz schön den Kopf angehauen haben, um dich zum Leben zu erwecken!«

Es ist, als ob ich Lucas' Stimme in meinem Kopf höre, aber dieses Mal klingt sie noch deutlicher.

Okay, Archie, pass auf. Wenn du morgen früh aufwachst, hast du neun Wünsche frei. Nicht mehr und nicht weniger.

Und dann noch deutlicher, als wäre er bei mir im Zimmer.

Alles, was du tun musst, ist, dir etwas vorzustellen und es dir dann laut zu wünschen.

Ich starre den Sticker-Lucas an und schüttle den Kopf. »Das kann auf keinen Fall stimmen.«

Dann sammle ich alle Aufkleber zusammen, doch währenddessen habe ich das Gefühl, dass seine Augen mich abwartend beobachten.

Als ich den Aufkleber-Stapel auf meinen Schreibtisch legen will, fällt mein Blick auf mein Mathebuch, das aus meiner Tasche hervorschaut. Sofort wird mir schlecht. Der Mathe-Test! Hastig schlage ich das Buch auf, um mir die letzten Aufgaben noch mal anzusehen, aber es kommt mir vor wie Chinesisch.

Ich hasse Mathe so sehr. Wenn Mrs Mather mich aufruft oder mir beim Arbeiten über die Schulter schaut, schlägt mein Herz schneller, und mein Nacken wird ganz heiß. Und die Tests sind das Allerschlimmste, denn ich bin immer der Schlechteste. Als Mrs Mather letzte Woche die benoteten Tests austeilte, wollte ich meinen schnell verstecken, aber Bella schnappte ihn sich und fing lauthals zu lachen an. »Der arme kleine Archie kann nicht mal addieren. Er wird sich nie eine Hose leisten können, die ihm passt!«

Vielleicht sollte ich kurz etwas zur B-B-Gang sagen. Das sind Bella und Bea, die seit dem ersten Schultag das Leben anderer Kinder zur Hölle machen. Bella ist die Chefin, und Bea ist ihre kleine Handlangerin. Sie haben beide blonde Haare und ziehen an den Tagen, wenn wir keine Uniformen tragen müssen, immer die gleichen Klamotten an. Meiner Meinung nach ist das ein bisschen seltsam – mit fünf Jahren macht es ja vielleicht noch Spaß, die gleichen Klamotten zu tragen, aber mit elf ist das doch nicht mehr cool, oder? Es gibt ein paar Mädchen, die versuchen, in die B-B-Gang reinzukommen, weil sie hoffen, dass Bella und Bea dann nicht mehr über sie lästern. Aber das klappt eigentlich nie, und deshalb sieht man ziemlich häufig weinende Mädchen in einer Ecke des Schulhofs sitzen, die gerade aus der B-B-Gang geschmissen wurden. Das ist echt brutal.

Auf mir hacken Bella und Bea eigentlich erst so richtig herum, seit sie wissen, dass meine Mum ihren Job verloren hat. Mum hat früher in die Baufirma von Bellas Vater gearbeitet. Doch nach Scadges Geburt ist sie traurig geworden und hat deshalb ein paar Tage bei der Arbeit gefehlt. Nach ein paar Abmahnungen hat sie wirklich versucht, sich aufzuraffen, aber sie hat es nie lange geschafft. Vor einem Jahr wurde sie dann entlassen, und das hat alles nur noch schlimmer gemacht.

Bellas Vater muss es Bella erzählt haben. Manchmal stelle ich mir vor, wie sie um ihren Tisch sitzen, ihren Braten essen und dabei über uns reden. Seitdem haben die B-Bs jedenfalls angefangen, Mum und mich als faule Penner zu bezeichnen und sich über meine abgetragenen Klamotten lustig zu machen.

Und jetzt auch noch dieser Mathe-Test, bei dem ich garantiert versagen und wieder zur Lachnummer für die B-Bs werde. Es gibt buchstäblich tausend Dinge, die ich lieber tun würde. Mein Blick fällt wieder auf die Aufkleber, und ich frage mich, was Lucas Bailey außer Fußball am liebsten macht. Und dann fällt mir ein, dass ich mal ein Interview mit ihm gelesen habe, in dem ihm genau diese Frage gestellt wurde.

Ich springe auf und stöbere in meinem alten Stapel Fußballzeitschriften. Eigentlich gehören sie Maus, aber sie gibt sie an mich weiter, wenn sie sie gelesen hat. Sie sagt, ihr Haus sei so vollgestopft, dass sie wenigstens ihr Zimmer aufgeräumt halten möchte. Ich finde Maus' volles Haus großartig, aber ich schätze, man will immer genau das haben, was man nicht hat.

Als ich die Zeitschrift finde, blättere ich zum Interview. Da ist er wieder, Lucas Bailey, lächelnd und mit einem Fußball unter dem Arm. Und neben der Frage »*Wie würde der ideale freie Tag für Sie aussehen?*« steht in einer großen Sprechblase: »Ich würde im Bett bleiben, Pizza bestellen und den ganzen Tag FIFA auf der Xbox spielen!«

»Ich habe aber keine Xbox!«, sage ich zu dem Foto. »Und ich habe definitiv nicht genug Geld, um eine Pizza zu bestellen!« Damit schließe ich die Zeitschrift und sehe wieder das Mathebuch höhnisch daliegen. Und dann fasse ich einen Entschluss.

»Okay, Lucas, ich beweise es dir – Wünsche gehen nicht einfach so in Erfüllung.«

Ich schließe die Augen und stelle mir vor, wie ich umgeben von Pizzakartons auf meinem Bett liege und Xbox spiele. Und dann tue ich es. Ich schreie meinen Wunsch ins Universum hinaus.

»ICH WÜNSCHE MIR, DASS ICH IM BETT BLEIBEN, PIZZA ESSEN UND DEN GANZEN TAG AUF DER XBOX FIFA SPIELEN KANN.«

Ich lasse mich auf mein Bett fallen und warte darauf, dass irgendetwas Magisches passiert. Aber alles, was in den nächsten fünf Minuten geschieht, ist, dass die Müllabfuhr draußen vorbeifährt. Ich höre die Rufe der Müllmänner und das Zuschlagen der Mülltonnendeckel und seufze – an Mülltonnen ist leider überhaupt nichts magisch.

Ich nehme einen meiner Lucas-Aufkleber in die Hand. »Siehst du, ich wusste, dass es zu gut ist, um wahr zu sein. Aber keine Sorge, du bist immer noch der beste Fußballer aller Zeiten.«

Dann ziehe ich meine zu kleine Hose an, stecke den

Lucas-Aufkleber als Glücksbringer ein und gehe nach unten.

Als ich gerade aus der Tür gehen will, höre ich von oben Mums verschlafene Stimme.

»Archie?«

Manchmal glaube ich, dass Mum nur mit dieser schwachen, schläfrigen Stimme spricht, damit ich nicht auf den Gedanken komme, dass es ihr vielleicht besser gehen und sie wieder mit Kochen und Einkaufen anfangen könnte. Aber ich bin ja nicht blöd. Selbst wenn sie mit normaler Stimme sprechen würde, würde ich nicht erwarten, dass sie die Treppe heruntergehüpft kommt und ein Tänzchen aufführt.

»Ja?«, rufe ich zurück.

»Ich habe gerade eine SMS von der Schule bekommen, mein Schatz. Sie bleibt heute geschlossen.«

Wie bitte? Ich lasse meinen Rucksack auf den Boden fallen, nehme Lucas aus meiner Tasche und sehe ihm direkt in die Augen. »Du hast doch nicht etwa …?!«

Dann renne ich die Treppe hinauf und in Mums Zimmer. Sie lächelt mich an.

»Gut, dass ich auf mein Handy geschaut habe, nicht wahr? Normalerweise schalte ich das Ding nie ein. Du hast Glück! Anscheinend ist der Heizkessel in der Schule kaputt, also bleibt sie heute geschlossen.«

»Ja, das ist ein ziemliches Glück«, sage ich und versuche, einigermaßen cool zu bleiben. »Willst du eine Tasse Tee, Mum?«

»Oh, liebend gern. Und eine andere Sache habe ich ganz vergessen. Eine Nachbarin hat gestern einen Karton mit Sachen für dich abgegeben. Die Dame mit dem kläffenden Hund, weißt du?«

»Was für Sachen?«, frage ich.

»Keine Ahnung. Sie hat gestern geklopft, aber ich habe geschlafen.« *Du hast so getan, als würdest du schlafen*, denke ich. »Sie hat ihn hinters Haus gestellt.«

Ich renne so hastig die Treppe hinunter, dass ich beinahe über die letzten Stufen stolpere. Neben der Tür entdecke ich den Karton. Es ist ein Zettel darangeheftet.

Lieber Archie,
ich dachte, dass Du diese Sachen vielleicht gebrauchen kannst. Sie sind von meinem Sohn James. Er ist jetzt auf der Uni (ich vermisse ihn wirklich sehr!) und möchte sie nicht mehr haben. Tut mir leid, dass ich sie nicht früher vorbeigebracht habe, aber ich bin erst jetzt dazu gekommen, seine Sachen durchzusehen. Ich hoffe, Dir und Deiner Mutter geht es gut? Klopf an, wenn Du mal etwas brauchst.

Rosemary (aus Nummer 12)

Ich atme einmal tief ein und klappe den Karton auf. Darin erwartet mich ein großes Durcheinander. Unter Jonglierkeulen liegen ein ferngesteuerter Roboter und ein paar Brettspiele. Meine Hoffnung schwindet. Vielleicht habe ich mich geirrt.

Dann passiert es. Unter einem Buch über das Sonnensystem entdecke ich eine alte, abgestoßene Schachtel, die seitlich von braunem Klebeband zusammengehalten wird und auf der das Wort *XBOX* steht. Als ich die Schachtel öffne, sehe ich zum einen die Konsole und zum anderen einen Umschlag. Und darin – ich fasse es nicht! – befindet sich das FIFA-Spiel.

Ich ziehe Lucas aus meiner Tasche. »Ich nehme alles zurück!«

Mein Kopf schwirrt, und ich weiß nicht, was ich mit mir anfangen soll. Wie ein Idiot grinsend laufe ich mit der Xbox im Arm hin und her. Als mein Gesicht vom vielen Grinsen zu schmerzen beginnt, wird mir klar, dass ich unbedingt jemandem davon erzählen muss.

»Maus!«, rufe ich, sobald sie den Hörer abnimmt. »Kannst du vorbeikommen?!«

»Nein, Mum zwingt mich, zum Supermarkt zu gehen – und das an einem schulfreien Tag. Was für eine Verschwendung!«

»Ich muss dich aber sehen. Mir ist etwas total Verrücktes passiert.«

»Was hast du angestellt, Archie? Erzähl schnell, Mum ruft schon.«

»Es war alles so seltsam«, sage ich, »und erst war ich mir nicht sicher, ob ich es mir nur eingebildet habe, aber heute ist etwas passiert, das mich glauben lässt, dass alles wahr ist. Und wenn es wahr ist, dann habe ich noch acht Wünsche frei!«

»Was faselst du da?!«

Plötzlich höre ich ein Rascheln am anderen Ende der Leitung und dann Zoes Stimme.

»Hi, Archie«, sagt sie. »Ich fürchte, Jasmin gehört heute ganz mir, und wir sind gerade auf dem Weg nach draußen. Ihr seht euch ja morgen, dann kannst du mit ihr reden. Ehrlich gesagt ist mir nicht klar, was ihr beide noch zu besprechen habt. Ihr seht euch doch so oft.«

»Aber ich muss ihr wirklich etwas sagen!«

»Ist alles in Ordnung, Archie?«, fragt Zoe und klingt besorgt.

»Ja«, sage ich. »Aber –«

»Geht es deiner Mutter gut? Ist sie da? Ich würde mich gern mit ihr unterhalten, das haben wir schon so lange nicht mehr gemacht.«

»Es geht ihr gut«, sage ich entnervt und füge hinzu: »Sie ist nur gerade unter der Dusche, und ich muss wirklich dringend mit Maus reden.«

Sofort habe ich ein schlechtes Gewissen. Aber Zoe lässt sich nicht beirren. »Also, wenn es dir und deiner Mutter gut geht, dann kann das bis morgen warten, Archie Crumb, sonst kriege ich Jasmin nie aus dem Haus, stimmt's?«

Ich höre, wie Maus im Hintergrund protestiert, aber ich weiß, dass Zoe nicht nachgeben wird. Sie kann ziemlich streng sein, wenn sie will.

Sobald ich das Telefon weggelegt habe, tigere ich wieder durch mein Zimmer. Ich bin immer noch ganz durcheinander. Schließlich sehe ich meinen Lucas-Aufkleber und die Xbox an. »Na gut, dann mache ich eben genau das, was du tun würdest.«

Als ich Mum die versprochene Tasse Tee bringe, frage ich: »Darf ich den Fernseher in mein Zimmer stellen? Nur für heute?«

»Ich wüsste nicht, was dagegenspricht«, sagt sie. »Mir geht's sowieso eher bescheiden – mach's dir gemütlich, mein Schatz.«

»Danke, Mum«, sage ich und hüpfe die Treppe hinunter.

Es ist ziemlich kompliziert, einen Fernseher allein die Treppe hinaufzutragen. Er ist total schwer und versperrt mir die Sicht, sodass ich nicht sehen kann, wo ich hintrete, und dabei ist unsere Treppe so steil wie eine Leiter. Ständig fürchte ich, das Gleichgewicht zu verlieren und nach hinten zu kippen. Und als ich endlich mein Zimmer erreicht habe, weiß ich nicht, wohin mit all den Kabeln. Ich hatte noch nie einen Computer. Scadge hat einen, obwohl sie erst drei Jahre alt ist, aber da sind nur alberne Spiele mit Einhörnern und Zeichentrickfiguren drauf. Das ist noch etwas, weswegen Mum sich schuldig fühlt. Jetzt, wo sie nicht mehr arbeitet, haben wir für solche Sachen kein Geld mehr – nicht dass wir jemals besonders viel gehabt hätten. Sie bekommt jede Woche nur ein bisschen Arbeitslosengeld, aber das ist nur für Lebensmittel, nicht für Computer.

Letztes Jahr habe ich mir zu Weihnachten und zum Geburtstag eine Xbox gewünscht, aber Mum sagte, das könne sie sich nicht leisten. Stattdessen habe ich mein Fahrrad bekommen – weil sie es billig auf Facebook gefunden hat. Es ist etwas rostig und verbeult, und auf den Rahmen ist der Name *Jack* gepinselt. Versteht mich nicht falsch, ich liebe mein Fahrrad, aber damals war ich irre enttäuscht.

Maus und ich nennen mein Fahrrad seitdem jedenfalls Jack.

»Gehst du zu Fuß, oder nimmst du Jack?«

»Ich nehme Jack, also bin ich in fünf Minuten da.«

Drei Stunden und massenweise FIFA-Spiele später habe ich herausgefunden, wie man passt und schießt, und habe einen Riesenspaß. Ich finde es genial, dass jedes Tor anders ist, und wünschte, ich könnte auch im echten Leben solche Tore schießen. Den Ball passen, über den Kopf des Torwarts heben und ab ins Netz. Mit jedem Tor jubele ich lauter, stülpe mir mein T-Shirt übers Gesicht, schreie, klatsche und springe auf dem Bett herum. Zum ersten Mal kann ich mir richtig vorstellen, wie es wäre, ein guter Fußballer zu sein.

Als ich gerade wieder ein neues Spiel beginnen will, höre ich ein lautes Klopfen an der Haustür. Ich lasse die Konsole fallen und gehe hinunter, um nachzusehen, wer es ist. Vor der Tür steht ein großer, dünner Junge in einer roten Jacke und hält vier riesige Pizzakartons in der Hand. Sofort fällt mir der Rest meines Wunsches ein. Aber das kann doch nicht …

»Mr Jenkins?«, fragt der Junge in gelangweiltem Tonfall.

»Nein«, antworte ich. »Hier wohnt kein Mr Jenkins.«

Er schnaubt und holt sein Handy heraus. »Ist das hier die Providence Road Nummer sechzehn?«

»Ja.«

»Tja, ein Mr Jenkins hat Pizza für diese Adresse bestellt.«

»Also, ich war das nicht. Was sollen wir jetzt machen?«, frage ich.

»Ich weiß nicht«, sagt er. »Du könntest sie essen?« Und damit drückt er mir die Kartons in die Arme, springt wieder auf sein Moped und braust davon.

»Pizza zum Mittagessen, Mum?«, frage ich und spähe durch ihre Tür, aber sie schläft schon wieder oder tut zumindest so. »Sie war umsonst!«, flüstere ich und stelle einen Karton auf dem Boden neben ihrem Bett ab.

Am Ende des Tages rülpse ich Peperoni-Rülpser von der Pizza und habe FIFA-Kopfschmerzen. Wer hätte gedacht, dass es so anstrengend sein kann, im Bett zu sitzen, Videospiele zu spielen und zwei riesige Pizzen zu essen? Ich hole Sticker-Lucas aus meiner Tasche und schüttle den Kopf.

»Mein nächster Wunsch wird nichts mit Essen zu tun haben, so viel ist sicher.«

Und vielleicht bilde ich es mir nur ein, aber kurz habe ich den Eindruck, dass seine Augen aufblitzen.

Plötzlich spüre ich ein Kribbeln im Bauch. Bei all der Aufregung um die Xbox und die Pizzen habe ich noch gar nicht realisiert, was all das bedeutet. Der echte Lucas Bailey hat recht gehabt. Mein erster Wunsch ist tatsächlich wahr geworden! Und nicht nur das, denn wenn es stimmt, was er gestern gesagt hat, habe ich noch acht weitere Wünsche. Was soll ich mir als Nächstes wünschen? Ich erinnere mich an das, was Lucas gesagt hat.

Man kann sich nicht wünschen, dass sich andere Menschen innerlich verändern.

Du musst die Sache clever angehen, Archie.

Beim Gedanken an diese Worte spüre ich einen kleinen Stich. Am allermeisten wünsche ich mir natürlich, dass meine Mum wieder glücklich wird, und ausgerechnet diesen Wunsch kann ich nicht ans Universum schicken.

Aber was ist mit Geld? Ich könnte mir jede Menge Geld wünschen. Dann könnten Mum und ich uns ein riesiges Haus kaufen und tolle Urlaube zusammen machen, zum Beispiel im Disneyland. Aber wenn sie nicht mal die Energie hat, ans Telefon zu gehen, wird sie auch nicht losziehen und ein neues Haus kaufen oder nach Disneyland fahren, richtig?! Ehrlich gesagt glaube ich, dass keine noch so große Geldsumme sie momentan aus dem Bett locken würde. Und ein Elfjähriger, der Tausende von

Pfund mit sich herumschleppt, würde ziemlich verdächtig wirken, fürchte ich. Meine Wünsche sollen bitte nicht dazu führen, dass ich das alles einem Polizisten erklären muss. »Ich kann nichts dafür, Mister! Meine Wünsche werden wahr, ehrlich!« Wie Lucas schon sagte, ich muss das clever angehen.

Vielleicht sollte ich mir wünschen, zu dem Wochenende nach Wales mitgenommen zu werden. Der beste Fußballer der Welt zu werden. Dass sich die B-B-Gang in Luft auflöst. Mein Kopf schwirrt vor lauter Wünschen, also reiße ich vorsichtig eine Seite aus meinem Matheheft heraus und schreibe obendrauf:

ARCHIE CRUMBS WUNSCHZETTEL

1. *Eine Xbox & Pizza*
2.
3.
4.
5.
6.
7.
8.
9.

Beim Anblick der leeren Zeilen wird mir ganz schwindlig. Mein ganzes Leben könnte sich ändern, je nachdem, wie ich diese Felder ausfülle. Was also soll ich neben Wunsch Nummer zwei schreiben?

Fünf

Etwas tief in mir sagt mir, dass ich wieder aufstehen und es weiter versuchen muss.

– Lucas Bailey

Etwas tief in mir sagt mir, dass ich fünfzehn Peperoni-Rülpser machen und dann weiter Pizza essen muss.

– Archie Crumb

Ich liege die ganze Nacht wach und gehe tausend Wunsch-Ideen durch, nur um sie gleich wieder zu verwerfen, weil sie albern sind oder nicht funktionieren werden. Um Mitternacht stehe ich beinahe auf und rufe Maus an, weil ich das alles keine Sekunde länger für mich behalten kann. Doch dann werde ich von der Idee abgelenkt, mir einen eigenen Affen als Haustier zu wünschen, und vergesse den Anruf.

Am nächsten Morgen bin ich wie immer spät dran, und nachdem ich ein Stück verbranntes Toastbrot in mich hineingestopft und etwas Saft hinuntergestürzt habe, stecke ich meinen Kopf noch schnell zu Mums Tür hinein.

»Tschüs, Mum«, flüstere ich in die Dunkelheit.

Sie sitzt an ihre Kissen gelehnt. Das ist immerhin etwas, doch ihre Augen sind traurig. »Bis später, Schätzchen, hab einen schönen Tag. Ich werde versuchen, etwas Leckeres zum Abendessen zu machen, ja?«

»Ja«, antworte ich. »Mal sehen, wie du dich fühlst.«

Ehrlich gesagt habe ich keine großen Hoffnungen. Mum sagt das jeden Tag, aber sie hat noch nie etwas Leckeres zum Abendessen gemacht. Jedenfalls nicht in letzter Zeit. An den Tagen, an denen ich morgens etwas mehr Zeit habe, fängt sie an, über all die Dinge zu reden, die wir machen werden, wenn es ihr besser geht. Wir werden zum ersten Mal in den Urlaub fahren, wir werden einen Welpen kaufen, wir werden das Haus renovieren, Picknicks machen, Drachen steigen lassen und im Meer schwimmen gehen. Alles, wenn es ihr besser geht. Aber je öfter sie davon erzählt, desto weniger glaube ich daran.

Es ist nicht so, dass ich das alles nicht noch einmal hören möchte – ich stelle es mir sogar sehr gerne vor –, aber wenn Mum nichts mehr einfällt, wird sie traurig darüber, dass wir nichts davon jetzt machen können, und dann fängt sie an, sich zu entschuldigen und zu weinen, und das will ich nicht, also wechsle ich schnell das Thema.

»Mum?«, sage ich leise. »Wenn du dir irgendetwas auf der Welt wünschen könntest, was wäre das?«

»Ganz einfach«, sagt sie. »Dass du glücklich bist, Archie. Das ist alles, was ich will.«

»Das ist lieb, danke, Mum. Ich werde mein Bestes

tun! Ich hab dich lieb«, sage ich, obwohl das nun wirklich überhaupt keine Hilfe war. Ich kann mir nicht einfach wünschen, »glücklich zu sein«. Ich könnte höchstens überlegen, was mich glücklich macht. Aber ob Mum dann wirklich auch glücklich wird?

Auf dem Weg zu Maus kommen alle Erinnerungen an die Begegnung mit Lucas Bailey wieder. Es war so schön, jemanden zu haben, dem ich mich anvertrauen konnte. Als ob ich nicht allein wäre.

Als ich bei Maus ankomme, mache ich unseren Ruf.

»KRAAAAH, KRAAAAH!«

Maus und ich haben dieses Geräusch für den Fall, dass wir einander brauchen. Es hört sich an wie ein Dschungelvogel, und man kann es aus meilenweiter Entfernung hören. Maus hat es mir beigebracht und gesagt: »Bring den Ruf niemandem sonst bei, Archie. Hast du mich verstanden?«

»Wieso?«, fragte ich.

»Es ist unser Ruf. Wenn du ihn hörst, weißt du, dass ich es bin, und wenn ich ihn höre, weiß ich, dass du es bist. Und wenn du das Geräusch hörst, antwortest du immer – das ist die zweite Regel. Abgemacht?«

»Abgemacht.«

Und so mache ich jeden Morgen vor ihrem Haus das Geräusch, damit sie weiß, dass ich draußen stehe. Einmal hat sich einer ihrer Nachbarn beschwert. »Hört auf, jeden verdammten Morgen diesen verdammten Lärm zu machen!« Wir riefen »Entschuldigung!« und rannten kichernd davon. Deshalb mache ich morgens seitdem nur noch eine leise Version des Rufs. Die laute Variante hebe ich mir für den Fall auf, dass ich Maus *wirklich* brauche.

Gerade hüpft sie aus der Tür, gefolgt von ihrer Mum und ihrem Dad, die ihr zum Abschied winken.

»Morgen, Archie!«, ruft Zoe. »Was in aller Welt ist mit deinem Kopf passiert?«

»Ich bin bloß vom Fahrrad gefallen. Mir geht's gut, aber ich fürchte, deine Auflaufform ist beim Sturz kaputtgegangen. Es tut mir leid!«

»Sei nicht albern, das ist nur Geschirr. Bist du sicher, dass es dir gut geht? Sieht nach einem üblen Bluterguss aus.«

»Ja, mir geht's gut!«

»Hab heute ein Auge auf ihn, Jasmin!«, ruft Zoe uns hinterher.

»Mach ich!«, ruft Maus, und dann gehen wir die Straße hinunter.

Ich finde es immer etwas komisch, wenn Zoe Maus *Jasmin* nennt. Das ist zwar ihr richtiger Name, aber sie hasst ihn und will eigentlich nicht so genannt werden. In der Schule hat sie anfangs versucht, alle dazu zu bringen, sie Minnie zu nennen, aber das ist ein bisschen nach hinten losgegangen, als Bella und Bea anfingen, sie Minnie Maus zu rufen. Alle haben mitgemacht, und am Ende ist Maus übrig geblieben. Aber Maus sagt, der Name gefällt ihr besser als Jasmin. Er passt auch irgendwie zu ihr, denn sie ist wirklich klein – die Zweitkleinste in unserem Jahrgang –, aber sie ist superstark und schnell. Ich glaube, sie ist so ziemlich der zäheste Mensch, den ich kenne.

Maus und ich waren schon zusammen in der Krabbelgruppe. Es gibt Bilder von uns, auf denen wir Windeln tragen und mit dreckigen Gesichtern in ihrem Garten sitzen. Angeblich haben wir damals vor allem »Zaubertränke« hergestellt. Ich weiß noch, dass wir einmal sogar versucht haben, unser »magisches Rosenblütenparfüm« auf einem kleinen Tisch vor ihrem Haus zu verkaufen. Maus war auch oft bei uns zu Hause, als Dad noch bei uns wohnte. Als wir noch eine normale Familie waren. Jetzt möchte Mum keine Leute mehr im Haus haben, also gehe ich eben zu Maus.

Als wir den Hügel zur Schule hinauflaufen, fragt sie: »Was hast du da im Haar, Archie?«

Ich fahre mir durch die Haare und spüre etwas Hartes, Verkrustetes über meinem Ohr.

»Shepherd's Pie«, sage ich. »Ich habe total vergessen, das Zeug rauszuwaschen.«

Maus runzelt die Stirn. »Du siehst ganz schön fertig aus. Wie bist du denn vom Fahrrad gefallen?«

Ich fange an, ihr von dem Sturz zu erzählen: wie mein Leben in Zeitlupe abzulaufen schien und dann alles schwarz wurde. Als ich gerade zum besten Teil komme, nämlich dem mit dem echten Lucas Bailey, weht uns plötzlich ein heftiger Wind entgegen, und Blätter wirbeln um unsere Füße. Wir suchen in einer Bushaltestelle Schutz, und ich erzähle ihr alles.

Als ich fertig bin, schweigt sie eine Weile und sieht mich ein wenig besorgt an, doch dann verengen sich ihre Augen plötzlich zu Schlitzen.

»Willst du damit sagen, dass ich den ganzen Sonntagabend für diesen Mathe-Test gelernt habe, während du ihn einfach durch einen Wunsch verschwinden lässt? Vielen Dank, Archie Crumb!«

»Tut mir leid«, murmle ich.

Da bricht Maus in schallendes Gelächter aus, und ich merke, dass sie nicht wirklich wütend ist. Sie ist eine ziemlich gute Schauspielerin, sodass man manchmal nur schwer erkennt, wenn sie einen auf den Arm nimmt.

»Archie, du glaubst doch nicht im Ernst, dass die Schule *deinetwegen* ausgefallen ist, oder?«, sagt sie.

»Aber alles, was ich mir gewünscht habe, ist wahr geworden!«, rufe ich. »Die Pizza, die Xbox, alles!«

Maus beginnt, in der Haltestelle auf und ab zu gehen. Sie ist jetzt im Anwaltsmodus. Maus ist besessen von Gerichtsfilmen und Anwaltsserien, sie schaut sich so was ständig an.

»In Ihrer Stellungnahme vor Gericht haben Sie behauptet, Mr Crumb, Ihre Nachbarin habe Ihnen den Karton bereits am Tag *vor* Ihrem Wunsch überlassen – ist das korrekt?«

»Ja?«

»Die Xbox muss sich also schon darin befunden haben. Würden Sie mir zustimmen?«

»Ich denke schon.«

Maus macht eine Pause und lächelt triumphierend, als hätte sie gerade das entscheidende Argument gefunden, mit dem sie ihren »Fall« gewinnt.

»Wenn die Xbox schon da war, *bevor* der Wunsch überhaupt geäußert wurde, Archie Crumb, wie kann das Ganze dann etwas anderes als ein verrückter Zufall sein?«

»Aber die Pizza? Und die Tatsache, dass die Schule ausgefallen ist?«

Maus hört auf, hin- und herzutigern.

»Heizkessel gehen ständig kaputt, und es ist auch nicht so ungewöhnlich, dass eine Pizza an die falsche Adresse geliefert wird, oder?«

»Du glaubst also nicht, dass die Sache mit den Wünschen wahr ist?«, frage ich entmutigt.

Maus schaltet den Anwaltsmodus aus, und wir setzen unseren Weg zur Schule fort.

»Ich sage nicht, dass es *definitiv* nicht stimmt, aber ich glaube, wir werden es nie ganz sicher wissen. Es sei denn, du wünschst dir etwas wirklich Unmögliches.«

»Was zum Beispiel?«

»Tja, das musst du wissen. Überleg dir etwas, was du dir wirklich wünschst, aber was ganz und gar UNMÖGLICH ist.«

Darüber muss ich nachdenken. Alles, was ich mir wirklich wünsche, kommt mir kompliziert und quasi unmöglich vor: dass Dad mich liebt und dass es Mum besser geht.

»Was würdest *du* dir denn wünschen?«, frage ich, als wir vor der Schule angekommen.

»Die Gleichberechtigung von Frauen und Männern«, sagt sie wie aus der Pistole geschossen. »Und wenn das nicht geht, dann einen Flipperautomaten für mein Zimmer. Aber es ist ja auch egal, was *ich* mir wünschen würde, oder? Du musst dir überlegen, was *du* willst. Was hältst du davon, wenn wir uns nach der Schule treffen und einen Plan machen? Einverstanden?«

»Einverstanden.« Ich lächle.

»Und bis dahin darfst du dir nichts mehr wünschen, okay?« Ich nicke, und sie fügt hinzu: »Du solltest dir vielleicht noch den Kartoffelbrei aus den Haaren waschen, bevor die B-B-Gang dich in diesem Zustand sieht!«

Ich lache, zupfe ein vertrocknetes Stück Karotte aus meinem Pony und verabschiede mich von Maus. Dann gehen wir in unsere jeweiligen Klassenzimmer.

»Ich könnte mir wünschen, dass sich Bella und Bea in Schweine verwandeln!«, rufe ich ihr nach. »Das würde mich *sehr* glücklich machen!«

Sechs

> Druck ist etwas, das man verspürt, wenn man kein Vertrauen in sich selbst hat.
>
> *– Lucas Bailey*

> Druck ist etwas, das ich verspüre, wenn ich im Unterricht furzen muss.
>
> *– Archie Crumb*

In Englisch geht es heute um Nebensätze. Ich starre auf eine Seite voller Fragen, deren Antworten ich nie kennen werde, und drifte ins Archieland ab. Ich stelle mir Lucas Bailey in meinem Alter vor, wie er an exakt diesem Platz sitzt und in der Mittagspause auf dem Hof Fußball spielt. Er wohnte mit seinen Brüdern und Schwestern in einem winzigen Haus am Ende der Straße, als er für die Jugendmannschaft der Rovers entdeckt wurde. Wie sehr er damals davon geträumt haben muss, die Premier League, die Europameisterschaft und die Weltmeisterschaft zu gewinnen, und jeder einzelne seiner Wünsche ging in Erfüllung. Also ist es vielleicht doch möglich. Vielleicht kann ich mein gesamtes Leben ändern, wenn ich mir nur die richtigen Dinge wünsche …

»Archie Crumb, hörst du überhaupt zu?«

Ich schrecke auf – Mrs Mather starrt mich an.

»Ja, Miss«, sage ich schnell.

»Wenn das so ist, lass deine Mitschüler und Mitschülerinnen doch bitte an deinen Gedanken teilhaben.«

»Nein, Miss«, sage ich noch schneller. »Tut mir leid, Miss.«

Die ganze Klasse beginnt zu kichern, und ich höre Bella in meinem Rücken zischen: »Ja, Miss. Nein Miss. Was immer Sie sagen, Miss.«

Der Rest des Tages schleicht im Schneckentempo dahin, und ich kann es kaum erwarten, dass die Schule aus ist, damit ich endlich mit Maus über unseren Plan reden kann. In der Mittagspause fragt mich Dan Dore, ob ich Fußball spielen möchte. Das ist ziemlich nett von ihm. Mich hat noch nie jemand gefragt, ob ich mitspielen will. Dan ist auch der Einzige, der mir den Ball zupasst, aber als ich ein Eigentor schieße, lässt sogar er es bleiben. Ich schätze, jede Nettigkeit hat ihre Grenzen.

Ich kann mir zwar nicht wünschen, dass alle netter zur mir werden, aber ich könnte mir wünschen, groß und Furcht einflößend zu sein, sodass alle netter zu mir sein *müssen*. Andererseits, Frank Humpty, der fast so groß wie Mr Fell und damit der größte Junge an der Schule ist, läuft immer mit eingezogenem Kopf und gebeugten Schultern herum, als wollte er unsichtbar sein, weil alle ihn »Humpty Dumpty« nennen. Das will ich auf keinen Fall, dann bleibe ich lieber klein.

Als endlich Schulschluss ist, laufe ich, so schnell ich kann, zum Tor, um Maus zu treffen.

»Los geht's, Magier«, sagt sie, und wir laufen den Hügel hinunter. Beim Wartehäuschen halten wir an und setzen uns auf die kalte, mit Graffitis beschmierte Bank. Um uns herum rührt sich nichts, abgesehen von einer leeren Chips-Packung, die über den Bürgersteig weht. In der Ferne höre ich einen Hund bellen. Das hier sieht wirklich nicht wie ein Ort aus, an dem Wünsche wahr werden.

Maus wendet sich zu mir um. »Okay, ich habe einen Plan. Vergessen wir mal die Wünsche für einen Moment. Nenn mir einfach ein paar Dinge, die du wirklich gerne magst.«

»Was zum Beispiel?«

»Irgendwas. Dinge, die dich glücklich machen.«

Ich beobachte die umherwehende Chips-Packung und versuche mich an Momente zu erinnern, in denen ich so richtig glücklich war.

»Wenn ich mehr Fußballaufkleber bekomme?«, sage ich zögernd.

»Gut«, sagt sie und schreibt es auf einen Zettel. »Was noch?«

»Wenn ich mit Scadge spiele?«

»Perfekt. Weiter.«

»Ich schaue mir gerne Fußballspiele an und bin gerne mit dir zusammen, aber ich weiß nicht, was das alles mit den Wünschen zu tun hat.«

»Ganz einfach, du musst herausfinden, wer du bist

und was du willst, bevor du dir überlegen kannst, was du dir wünschen sollst, oder?«

»Schätze schon.«

Sie nickt. »Es ist, wie meine Mum immer sagt: ›Das Universum kann dir nicht geben, was du willst, wenn du nicht weißt, wonach du verlangst.‹«

»Macht Sinn«, sage ich langsam und denke darüber nach, was ich wirklich will. Was mich *wirklich* glücklich machen würde. Und plötzlich kommen die Ideen. Schneller und schneller.

Ich will eine große Familie, in der sich alle lieb haben und so sehr miteinander lachen, dass am Ende alle weinen.

Ich will in einem großen, warmen Haus wohnen und ständig Freunde zu Besuch haben, weil ich der beliebteste Junge der Schule bin.

Ich will Nerf-Gun-Duelle in unserem riesigen Garten machen. Ich will ein Trampolin, ein Heimkino und ein Bällebad.

Ich will immer Limonade im Schrank haben und Coco Pops, sooft ich möchte.

Ich wünsche mir gemeinsame Weihnachtsfeste, auf denen wir Spiele spielen und Pralinen aus glänzenden Dosen essen, die so voll sind, dass man den Boden nicht ertasten kann. Ich will jedes Mal, wenn ich nach der Schule die Tür öffne, lächelnde Menschen in einer Küche stehen sehen, in der es köstlich duftet. Ich will, dass sie mich fragen, wie mein Tag war, und die Antwort wirklich hören wollen. Ich will Hunderte von Cousins und Cousinen und Onkeln und Tanten haben, die alle an meinen Geburtstag denken und mir jedes Jahr Karten schicken. Ich will Haustiere und Hüpfburgen und Luftballons und Partys und Musik.

Ich will alles, was ich nicht habe, aber nichts davon kann ich laut aussprechen. Nicht vor Maus und auch vor niemandem sonst, denn es ist zu viel. Ich will zu viel und weiß nicht, wo ich anfangen soll.

Maus sieht mich eindringlich an, als wüsste sie genau, woran ich gerade gedacht habe.

»Ich schlage vor, dass wir klein anfangen«, sagt sie sanft. »Wir müssen schließlich erst mal beweisen, dass diese Wünsche überhaupt real sind. Wie wäre es, wenn du dir ein paar Fußballaufkleber wünschst? Was ist die verrückteste, unwahrscheinlichste Anzahl an Fußballstickern, die du kriegen könntest?«

»Ich könnte auf dem Heimweg ein Päckchen finden«, schlage ich begeistert vor.

»Größer denken, Archie!!«

»Ich könnte *neun* Päckchen auf dem Heimweg finden!«

»GRÖSSER!«, schreit sie.

»Hundertneun Päckchen?!«, frage ich.

»Schon eher, aber ich denke an was *wirklich* Unmögliches.«

Ich überlege eine Minute. »Ich habe letztens ein Gewinnspiel gesehen, bei dem man die größte Sticker-Sammlung der Welt gewinnen konnte, kannst du dir das vorstellen?«

»Hast du mitgemacht?«

»Nein«, sage ich. »Ich hatte nicht genug Geld für die Briefmarke.«

Aufgeregt hatte ich das Formular ausgefüllt und dann Mum um siebzig Pence gebeten.

»Lass mich in Ruhe, Archie«, hatte sie unter ihrer Bettdecke gestöhnt. »Dauernd musst du mich um etwas bitten. Du hast keine Ahnung, wie anstrengend das für mich ist.«

Ich war so schnell wie möglich aus dem Zimmer gegangen. So viel zu meinem Traum von der größten Sticker-Sammlung aller Zeiten!

Mum sagt seit Neustem immer solche Sachen. Dass ich »keine Ahnung« habe und dass ich sie »nicht verstehe«. Dabei hat sie auch keine Ahnung und weiß nicht, wie schwer es gerade für mich ist. Das würde ich ihr auch gern mal sagen, aber ich traue mich nicht. Sie würde dann nur über ihre »Symptome« reden und entweder herumschreien oder weinen – oder beides. Außerdem kann niemand jemals wirklich wissen, was bei anderen so alles los ist, oder?

»Das ist es, Archie!«, ruft Maus und holt mich damit wieder ins Hier und Jetzt zurück. »Du hast deinen Wunsch gefunden: die größte Fußballaufkleber-Sammlung der Welt zu besitzen. Wünsch es dir, und wir werden sehen, ob der magische Lucas und seine Wünsche echt sind.«

Ich zögere. Ist das nicht ein ziemlich lächerlicher Wunsch?

Maus beugt sich vor. »Na los! Wenn du es dir nicht wünschst, dann kann es auch nicht in Erfüllung gehen, oder?«

Ich nicke, schließe die Augen und stelle mir vor, wie ich vor einem RIESIGEN Stapel Aufkleber sitze. Dann flüstere ich kaum hörbar: »Ich wünsche mir, die größte Aufkleber-Sammlung der Welt zu besitzen.«

»Lauter«, flüstert Maus.

»Ich wünsche mir, die größte Aufkleber-Sammlung der Welt zu besitzen«, wiederhole ich etwas lauter, wobei das Bild in meinem Kopf immer deutlicher wird.

»Lauter!«, sagt sie wieder. »Du musst daran glauben, Archie. Sag es so, als ob du es wirklich willst.«

»ICH WÜNSCHE MIR DIE GRÖSSTE AUFKLEBER-SAMMLUNG DER WELT!«, schreie ich lauthals, und im selben Moment kommt ein heftiger Wind auf und bläst mir die leere Chips-Packung ins Gesicht. Als ich sie mit der Hand wegschlage, sehe ich auf der anderen Straßenseite Bella und Bea, die lachend auf mich zeigen.

»ICH WÜNSCHE, ICH WÜNSCHE«, singen sie mit schrillen Stimmen. »ICH WÜNSCHTE, ICH WÄRE NICHT ARCHIE CRUMB.«

Sieben

Nichts und niemand ist perfekt, deshalb
haben Bleistifte am Ende Radiergummis.

– Lucas Bailey

Meine Bleistifte waren ein Sonderangebot
aus dem Supermarkt – ohne Radiergummis.

– Archie Crumb

Auf dem Heimweg suche ich überall und finde – absolut nichts. Keine riesige Aufkleber-Sammlung. Keine mittelgroße Aufkleber-Sammlung. Nicht einmal einen einzigen klitzkleinen Aufkleber. Nichts.

Zu Hause nehme ich einen der Lucasse vom Stapel. »Die Xbox war wohl doch nur ein Zufall. Aber egal, es hat Spaß gemacht, solange es anhielt – das Gefühl, dass alles möglich ist. Danke für den Versuch, Lucas – du bist immer noch mein Lieblingsspieler.«

Ich LIEBE Aufkleber wirklich! Als ich klein war, hat Dad mir meine ersten gekauft, und seitdem sammle ich. Jetzt schenkt er mir keine mehr. An manchen Wochenenden gibt er mir ein Pfund für einen Schokoriegel, aber ich kaufe mir davon immer Sticker. Ich wünsche mir auch zu jedem Geburtstag und zu Weihnachten Aufkleber. Inzwischen habe ich vier dicke Alben voll und die zehntgrößte Sammlung der Schule. Die Kinder mit größeren Sammlungen haben alle Sticker auf einmal gekauft und ihre Alben sofort vollgeklebt. Dann hatten sie schon keine Lust mehr darauf. Bei mir ist das anders – mir ist jeder einzelne Aufkleber wichtig, und wenn ich einen bekomme, den ich noch nicht hatte, streiche ich ihn von meiner Liste und klebe ihn sorgfältig in eins meiner Alben. Dazu habe ich eine besondere Klebetechnik entwickelt, bei der es keine Blasen, Falten oder Lücken gibt. Ich habe sogar eine Anleitung für das richtige Aufkleben geschrieben, falls ich es einmal vergessen oder meine Sammlung an jemand anderen weitergeben sollte (obwohl beides sehr unwahrscheinlich ist):

ARCHIE CRUMBS ANLEITUNG ZUM RICHTIGEN AUFKLEBEN VON AUFKLEBERN

1. **Achte darauf, dass die Seite frei von Krümeln, Staub und Dreck ist.** Ich habe einmal die schreckliche Erfahrung gemacht, Idrissa Gueyes Gesicht wieder abpopeln zu müssen, um einen winzigen Toast-Krümel zu entfernen, der sein linkes Auge hervorstehen ließ.
2. **Richte die beiden oberen Ecken waagerecht aus und zieh das Papier erst mal nur von diesen beiden Ecken ab.** Das ist der wichtigste Teil. Alles, was hier schiefgeht, kann später nicht

mehr korrigiert werden – siehe Seite 112 in Album Nummer 1 als Beweis dafür, wie schief ein Aufkleber aufgeklebt sein kann. Gott sei Dank habe ich seitdem dazugelernt.

3. **Platziere die obere Hälfte des Aufklebers, indem du die oberen beiden Ecken gespannt hältst, dann drücke sie fest auf.** Selbstvertrauen ist hier entscheidend. Durch jedes Herumfummeln entstehen Falten. Lass dir von der Stimme in deinem Kopf nicht einreden, dass dies nicht der beste Aufkleber werden wird, den du je geklebt hast.
4. **Zieh das Papier langsam ab und presse währenddessen den Aufkleber mit gleichmäßigem Druck flach auf die Seite.** Zu schnell = Blasen. Zu langsam = Falten.
5. **Streiche den Aufkleber glatt und wirf das Papier in den Papierkorb.** Oder wenn du wie ich auch die Rückseiten aufbewahrst, leg sie auf den Rückseiten-Stapel, der sich neben dem Verpackungen-Stapel befindet.

Einmal habe ich die Anleitung voller Stolz Maus gezeigt, woraufhin sie mich als »völlig bekloppt« bezeichnete.

»Das ist wichtig!«, rief ich entrüstet.

Sie grinste. »Keine Sorge, wenn ich jemals einen deiner Aufkleber aufkleben muss, werde ich mich an die Regeln halten. Ich werde sie auswendig lernen und täglich wiederholen. Ich werde sie auf ein riesiges Plakat drucken und es mir an die Wand hängen!«

»Na ja, das ist echt nicht nötig«, sagte ich, aber insgeheim fand ich, dass das alles sehr gut klang.

Ein lautes Klopfen an der Tür holt mich in die Realität zurück. Ich renne die Treppe hinunter und spüre einen seltsamen Schauer über meinen Rücken laufen. Ich schüttle ihn ab und öffne die Tür.

Draußen auf dem Bürgersteig parkt ein weißer Lastwagen. Zwei Männer sind gerade dabei, riesige, schwer aussehende Kisten auf eine Art Rollwagen abzuladen. Als sie mich entdecken, fragt einer von ihnen: »Bist du Archie Crumb?«

»Ja«, sage ich.

»Okay. Wo willst du die Kisten hinhaben? Sollen wir sie vor der Tür aufstapeln?«

»Was ist denn da drin?«, frage ich.

»Keine Ahnung, kleiner Mann, wir liefern nur aus.«

Ich sehe zu, wie die Männer eine Kiste nach der anderen ausladen und sie zu acht turmhohen Stapeln aufschichten.

»Moment mal!«, rufe ich, als sie immer wiederkehren und der erste Turm einzustürzen droht. »Das muss ein Fehler sein!«

»Nur noch sechzehn, Kumpel«, keucht der kleinere Mann, während er die Kiste in seinen Armen mit großer Mühe auf einen der Stapel hebt.

Ich gerate in Panik. Die Kisten bedecken schon fast

die gesamte Vorderseite unseres Hauses. *Das wird Mum nicht gefallen*, denke ich – und frage mich im nächsten Moment, ob sie es überhaupt merken wird.

Als die Männer endlich fertig sind, sagt der große Mann: »Kannst du das bitte unterschreiben?«

Er reicht mir ein Klemmbrett und einen Stift. Ich liebe es, Sachen zu unterschreiben, und setze meine schönste Unterschrift unter das Formular. Erst ein großes *A* mit einem Smiley darin, und dann das *C* drum herum.

Als ich fertig bin, gibt mir der Mann einen Umschlag und sagt: »Das war's. Viel Glück dabei, alle Kisten ins Haus zu bekommen.« Und bevor ich noch etwas fragen kann, springt er zurück in seinen Laster und düst mit dem anderen Mann davon.

Nachdem sie um die nächste Straßenecke gebogen sind, drehe ich mich um und blicke auf die Wand aus Kartons vor mir. Ich versuche mich dahinterzuquetschen, um zur Haustür zu gelangen, aber da ist so wenig Platz, dass ich beinahe stecken bleibe. Dann probiere ich, einen der Karton-Stapel anzuheben, aber er ist viel zu hoch und schwer. Das Letzte, was ich will, ist, von einem Karton-Turm erschlagen zu werden.

Ratlos stehe ich vor unserem Haus, und plötzlich fällt mir mein Wunsch im Wartehäuschen an der Bushaltestelle wieder ein. Mir wird gleichzeitig heiß und kalt, und ein Kribbeln macht sich in meinem Magen breit. Ich muss unbedingt einen Karton öffnen und herausfinden, ob es wahr ist!

Hastig reiße ich den Deckel des obersten Kartons auf. Der Stapel ist so hoch, dass ich nicht sofort hineinsehen kann. Wenn ich mich auf die Zehenspitzen stelle, kann ich mit der ausgestreckten Hand gerade so in die Kiste hineinfassen. Ich taste darin herum und spüre kleine knisternde Päckchen zwischen meinen Fingern.

»Es ist wahr!«, flüstere ich. »Es ist tatsächlich wahr! Es sind Aufkleber. Diese Kisten sind alle randvoll mit Aufklebern!«

Ich fange an, zwischen all den Kartons herumzutanzen, und spüre die Energie wie Stromschläge durch meinen Körper und mein Gehirn schießen, sodass ich immer schneller tanze.

Meine Wünsche sind in Erfüllung gegangen.

Meine Wünsche sind in Erfüllung gegangen.

Meine Wünsche sind in Erfüllung gegangen.

Ich bin so glücklich. Zwei meiner Wünsche sind in Erfüllung gegangen, und das bedeutet, dass ich noch sieben übrig habe! Jetzt ist alles möglich. Ich kann ALLES erreichen! Ich könnte zum Mond fliegen oder mit Delfinen schwimmen, ich könnte mich in einen Schokoladenbrunnen legen oder die Queen treffen, ich könnte ein YouTube-Star werden oder Olympia-Schwimmer, ich könnte bei der nächsten Mathearbeit alle schlagen und Klassenbester werden. Mein Leben wird bald ein riesiges Stück besser werden – aber zuerst muss ich mir überlegen, wie ich diese Kartons ins Haus bekomme.

Ich versuche noch einmal, einen Kisten-Stapel zu

bewegen, aber es hat keinen Zweck – wer hätte gedacht, dass Aufkleber so schwer sind? Meine Arme fühlen sich schon bald wie Gummi an, und dabei habe ich gerade mal einen der Kartons fünf Zentimeter weit verschoben. Außerdem muss ich dringend aufs Klo, und die Kartons blockieren die Haustür.

Erschöpft setze ich mich auf die Bordsteinkante.

Ein Mann kommt mit seinem kleinen Hund die Straße entlang, und ich frage mich, ob er mir helfen würde. Aber als ich aufstehe und auf ihn zugehe, nimmt er seinen kleinen Hund auf den Arm, sagt: »Nein danke«, und macht sich eilig davon.

Wie eigenartig, so etwas zu sagen, wenn man nicht einmal weiß, was der andere fragen wollte, denke ich. Manche Leute scheinen sich vor allem zu fürchten – sogar vor einem Kind, das um Hilfe bittet.

Ich muss jetzt wirklich *dringend* aufs Klo und fange an, von einem Fuß auf den anderen zu hüpfen. Keine Ahnung, warum man das macht, aber es hilft. Ich hüpfe zur Rückseite unseres Hauses, um zu sehen, ob ich Mum rufen kann. Die Chance, dass sie mich von ihrem Bett aus hört, ist zwar sehr gering, aber einen Versuch ist es wert.

Unter ihrem Schlafzimmerfenster fange ich an, laut zu flüstern: »Mum, Mum, MUM!« Doch natürlich hört sie mich nicht. Ich werde immer lauter, bis mein Flüstern in Gebrüll übergeht. Währenddessen hüpfe ich auf und ab und versuche verzweifelt, mir nicht in die Hose zu machen.

»Alles in Ordnung, Archie?«, ertönt hinter mir eine Stimme. Es ist Rosemary aus Nummer zwölf. Sie bemerkt mein Gehüpfe und fügt hinzu: »Möchtest du meine Toilette benutzen?«

»Ja, bitte!«, antworte ich und stürze zur ihr hinüber.

Sie lässt mich rein, und ich sprinte an ihrem kleinen braunen Hund vorbei, der mich ankläfft und wild im Kreis springt.

»Beachte Sir Lancelot gar nicht«, sagt Rosemary. »Bei Fremden macht er immer so ein Theater. Erste Tür links, Schätzchen.«

Nachdem ich auf der Toilette war – keine Sekunde zu früh – und mir die Hände wasche, schäme ich mich plötzlich. Rosemarys Haus ist so schön ruhig und sehr hübsch. Es riecht nach Blumen, und die Wände sind mit zahlreichen Bildern bedeckt. Das ist kein Haus, in das man hineinstürzen und nach der Toilette schreien sollte.

Als ich herauskomme, steht Rosemary mit Sir Lancelot auf dem Arm in der Küche, und ihr Sohn James sitzt am Küchentisch. Ihn hatte ich hier nicht erwartet. Er ist derjenige, dem die Xbox gehört hat. Als ich ihn das letzte Mal gesehen habe, war er eine größere, pickligere Ausgabe von mir, aber jetzt sieht er alt genug aus, um mein Vater zu sein.

»James ist von der Uni nach Hause gekommen«, sagt Rosemary, die meinen verwirrten Blick bemerkt hat. »Willst du ein Glas Saft?«

»Nein danke, ich gehe jetzt besser. Vielen Dank, dass

ich Ihr Klo benutzen durfte.« Dann füge ich hinzu: »Und danke für den Karton mit den Sachen. Der war toll. Besonders die Xbox.«

»Magst du FIFA?«, fragt James. »Ich war besessen davon, als ich das Spiel bekommen habe.«

»Ja. Aber ich bin noch ganz schön schlecht.«

Er lacht und streicht sich die Haare aus dem Gesicht, aber sie fallen ihm direkt wieder in die Augen. Ich frage mich, ob ich ihn bei FIFA schlagen könnte; bei den Fransen würde er wahrscheinlich nicht mal den Bildschirm sehen.

Als hätte er meine Gedanken gelesen, sagt er: »Wenn du mal Lust hast zu spielen, kann ich gern vorbeikommen – ein bisschen FIFA zocken, so wie früher.«

Beim Anblick dieses großen haarigen Riesen kommt mir eine Idee.

»Du hast nicht zufällig gerade Zeit und könntest kurz mitkommen, oder? Bei mir steht eine Wagenladung Kartons und versperrt die Haustür. Ich bräuchte Hilfe, um sie ins Haus zu bringen.«

Rosemary runzelt die Stirn. »Hast du deshalb so herumgeschrien, Schätzchen? Ist deine Mum nicht da?«

»Doch, aber sie hört wahrscheinlich ganz laut Musik oder so«, lüge ich.

Rosemary nickt. »Natürlich hilft James dir gerne, nicht wahr, Schatz?«

»Ja, kein Problem«, sagt er und zieht sich die Schuhe an. »Einem anderen FIFA-Fan helfe ich immer gerne.«

»Was ist eigentlich in diesen Kartons drin?«, fragt James und schleppt Karton Nummer zehn von der Haustür weg. »Die sind so schwer!«

»Fußballaufkleber«, sage ich.

»Machst du Witze? Früher habe ich Fußballaufkleber geliebt. Woher hast du denn so viele?!«

»Frag nicht. Ich kapiere es selbst nicht so ganz«, sage ich. »Aber bedien dich gerne. Du kannst so viele mitnehmen, wie du willst!«

Er lacht. »Alles klar. Okay, dann lass uns das Zeug mal reintragen.«

Als ich die Tür öffne, wird mir plötzlich klar, dass das eine sehr schlechte Idee ist. In der letzten Zeit habe ich meinen Putzplan überhaupt nicht eingehalten, und das Haus ist in einem ziemlich schlimmen Zustand. Außerdem mag Mum es nicht, wenn Leute reinkommen, also zucke ich nur mit den Schultern und sage: »Weißt du was, das ist schon in Ordnung, ich nehme einfach immer so viele Päckchen auf einmal mit rein, wie ich kann.«

James runzelt die Stirn. »Dann bist du die ganze Nacht beschäftigt! Sei nicht albern.«

Er beginnt, einen Karton nach dem anderen hineinzutragen. Ich mache schnell die Tür zur Küche zu, damit er zumindest nicht das ganze Zeug sieht, das sich dort auf den Arbeitsflächen stapelt. Es riecht auch nicht besonders gut, aber dagegen kann ich jetzt nichts machen. Vielleicht sollte ich mir wünschen, dass das Haus besser riecht.

Nach und nach füllt sich unser Wohnzimmer mit Kartons. Unzählige hohe und sehr wackelige Stapel ragen vom Sofa und den Stühlen und vor dem kaputten kleinen Gasofen auf. Vor dem Fenster stapeln sich die Kartons bis zur Decke und lassen kaum noch Licht herein. Irgendwann füllen die Kartons das gesamte Zimmer, sodass ich keine Wände mehr sehen kann. Der ganze Raum besteht aus Kartons.

Als James den letzten ins Haus gequetscht hat, bedanke ich mich und versuche, ihn ganz beiläufig zu verabschieden, aber er bleibt stehen und sieht sich mit besorgter Miene um.

»Wo ist deine Mum, Archie?«, fragt er leise.

»Ah, sie ist gerade im Bett. Sie hat eine Erkältung.«

»Du hast doch gesagt, sie hört Musik?«

»Ja. Beides«, sage ich. »Wie auch immer, ich gehe mal besser und sehe nach ihr. Und du solltest auch gehen. Du willst dir doch nichts einfangen, oder?«

»Wie lange ist sie denn schon krank?«

»Erst ein paar Tage«, sage ich, während ich mich an ihm vorbeizwänge und die Tür öffne. »Vielen Dank für die Hilfe.« Damit schiebe ich ihn zur Tür hinaus und schließe sie schnell hinter ihm.

Dann drehe ich mich um und lasse meinen Blick über die unzähligen Kartons wandern. Ich habe keine Ahnung, was ich jetzt mit ihnen machen soll. So können sie allerdings nicht stehen bleiben. Also öffne ich die erste Kiste … und runzle die Stirn. Ich habe ein Meer von rot glänzenden Päckchen mit Tausenden von inspirierenden Zitaten erwartet, so was wie: *Sei stärker als deine stärkste Ausrede!* Oder: *Wege entstehen dadurch, dass man sie geht!*

Doch stattdessen ist der ganze riesige Karton randvoll mit pastellfarbenen Päckchen in unterschiedlichen Formen und Mustern. Ich spüre, wie mir warm wird, als ich eine Handvoll Aufkleber herausnehme und sie durchsehe.

Das ist nicht das, was ich mir gewünscht habe! Das sind Disney-Aufkleber und Sticker mit Tieren und Emojis drauf. Tausende Päckchen völlig nutzloser Aufkleber! Ich schaue in den anderen Kartons nach, doch es warten nur noch mehr Enttäuschungen auf mich. Schließlich finde ich einen Karton, in dem hauptsächlich Fußballaufkleber sind – mehr Fußballaufkleber, als ich je in meinem Leben gesehen habe –, aber trotzdem bin ich hauptsächlich von Donald Duck und Prinzessinnen umgeben.

Ich hole mein Handy und rufe Maus an.

Als sie endlich aufhört zu lachen, weil sie sich mich in einem Haufen kindischer Aufkleber vorstellt, fragt sie: »Was genau hast du dir an der Bushaltestelle gewünscht, Archie?«

»Die größte Aufkleber-Sammlung der …« Ich breche ab, als ich merke, was ich getan habe.

»Du hast dir nur Aufkleber gewünscht? Nicht *Fußballaufkleber*?«

»O Mann!«

Natürlich kann mir der Wunsch nicht ins Hirn gucken und genau wissen, was ich meine. Ich muss von jetzt an sorgfältiger sein. Es sind nur noch sieben Wünsche übrig, und ich darf keine dummen Fehler mehr machen.

Ich warte, bis Maus zum zweiten Mal aufhört zu lachen, dann sage ich: »Ich muss jetzt auflegen und diese Aufkleber irgendwie in mein Zimmer bringen, bevor meine Mum sie sieht!«

Nach zwei Stunden habe ich erst drei Kartons geleert, und mein Zimmer ist bereits voll mit Aufklebern, aber ich mache trotzdem weiter. Ich habe ein System entwickelt: Ich fülle zwei Rucksäcke, setze einen vorne und einen hinten auf, und dann fülle ich noch zwei Einkaufstüten und trage alles nach oben. Mum wird nicht begeistert sein, wenn sie herunterkommt und das Wohnzimmer voller Kisten vorfindet. Nicht dass sie in letzter Zeit häufig hier gewesen wäre, zumal der Fernseher noch in meinem Zimmer steht. Ich frage mich, wie lange es dauern würde, bis sie das Chaos hier unten entdecken würde. Wahrscheinlich Monate.

Nachdem ich siebenmal schwer bepackt die Treppen raufgelaufen bin, beschließe ich, eine Pause einzulegen und ein wenig die Küche aufzuräumen. Als James im Haus war, ist mir klar geworden, dass ich mich besser um alles kümmern muss. Ich will nicht, dass jemand denkt, etwas wäre nicht in Ordnung. Mum hat einmal gesagt, ich soll niemandem erzählen, wie viel Zeit sie im Bett verbringt.

»Die Leute stecken überall ihre Nasen rein und denken, sie wissen alles besser, Archie, aber uns geht's doch gut, oder?«

»Ja, schätze schon«, sagte ich.

»Versprich mir, dass du es niemandem erzählst.«

Sie sah dabei richtig ernst aus, beinahe ängstlich. Es schien ihr wirklich wichtig zu sein. Deshalb versuche ich, Mums Krankheit vor allen zu verbergen. Selbst Maus weiß nicht, wie schlecht es Mum geht.

Zuerst spüle ich die Schüsseln ab. Wir haben nur drei, und wenn ich sie nicht sofort abwasche, muss ich direkt aus der Dose essen, was ich schon mehrmals getan habe.

Ich zähle acht leere Ravioli-Dosen, drei Tomatensuppen-Dosen und vier Dosen Bohnen mit Wurst. Als ich sie in den Mülleimer werfe, schwöre ich mir, die Schüsseln in Zukunft sofort zu spülen, wenn ich sie benutzt habe, und nicht mehr aus Dosen zu essen.

Letzte Woche hatten wir in der Schule das Thema gesunde Ernährung, und Kiran und Martha haben erzählt, dass sie gerne ausgefallenes Essen kochen wie Reis mit Gemüse und Fischpastete mit Brokkoli und grünen Bohnen. Als ich gefragt wurde, was ich esse, habe ich gelogen und das Direkt-aus-der-Dose-Löffeln natürlich nicht erwähnt. Nachmittags, als ich Lebensmittel im Internet bestellt habe, habe ich auch Brokkoli angeklickt, aber dadurch kostete alles insgesamt über 40 Pfund, also musste ich den Brokkoli wieder rausnehmen. Denn auf etwas anderes konnte ich nicht verzichten, zum Beispiel auf meine Käsescheiben. Die lasse ich immer auf meinen heißen Ravioli schmelzen – köstlich!

Als die Küche wieder etwas besser aussieht, bringe ich

die restlichen Aufkleber in mein Zimmer. Jetzt sieht es aus, als wäre darin ein Sticker-Vulkan ausgebrochen. Jede noch so kleine Oberfläche ist mit ihnen bedeckt. Ich lasse mich auf mein Bett fallen und nehme ein paar Päckchen mit Fußballaufklebern in die Hand. Doch irgendwie habe ich nicht mal Lust, sie zu öffnen. Es sind einfach zu viele. Zum ersten Mal kann ich die Kinder verstehen, die so viele Sticker auf einmal bekommen, dass sie an einem Tag ein ganzes Album füllen können. Es macht keinen Spaß, wenn man schon weiß, dass man wahrscheinlich alle hat.

Ich suche meinen Wunschzettel und fülle die zweite Zeile aus:

ARCHIE CRUMBS WUNSCHZETTEL

1. *Eine Xbox & Pizza*
2. *Die größte Aufkleber-Sammlung der Welt*
3.
4.
5.
6.
7.
8.
9.

Ich beschließe, eine Ladung Aufkleber mit in die Schule zu nehmen und sie zu verkaufen. Vielleicht verdiene ich damit genug, um beim nächsten Einkauf Brokkoli in den Warenkorb legen zu können. Maus kann mir helfen. Sie ist die beste Verkäuferin aller Zeiten und wird wahrscheinlich direkt einen erfolgreichen Aufkleber-Verkaufsstand auf die Beine stellen.

Letzten Sommer kam sie auf die Idee, am Ende der Straße selbst gemachte Hundekekse zu verkaufen. Sie erzählte den Leuten von ihrem Hund Eric, der nichts fressen wollte außer ihren berüchtigten Erdnussbutterkeksen. Die Leute lachten, sagten »Ahh, wie süß« und kauften direkt ein paar Leckerlis, auch wenn sie gar keinen Hund hatten. Ich saß währenddessen am Tisch und schaute Maus gebannt zu.

Je mehr ich darüber nachdenke, desto besser finde ich die Idee mit dem Aufkleber-Stand. Wenn ich dadurch viel Geld verdiene, muss ich keinen Wunsch darauf verschwenden, reich zu werden.

Doch was könnte ich mir als Nächstes wünschen?

Der Aufkleber-Wunsch war einfach nicht präzise genug. Ich muss genauer sein. Lucas hatte recht: Ich muss die Sache clever angehen. Und ich werde nichts überstürzen. Dafür sind die Wünsche zu wichtig.

Acht

Je härter du arbeitest, desto mehr Glück wirst du haben.

– Lucas Bailey

Und wieso hat Bella dann die Klassentombola gewonnen? Das Einzige, woran sie hart arbeitet, ist, ein schrecklicher Mensch zu sein.

– Archie Crumb

Am nächsten Morgen verschlafe ich das Weckerklingeln und stürze viel zu spät aus dem Haus, ohne zu frühstücken oder mich von Mum zu verabschieden. Vor dem Haus sehe ich den Umschlag, den mir der eine Paketbote gegeben hat, auf dem Gehweg liegen. Ich muss ihn gestern fallen gelassen haben, als ich versucht habe, die Kartons zu bewegen. Er ist ein bisschen durchweicht, aber ich stecke ihn trotzdem ein und renne zur Schule. Als ich an Maus' Haus vorbeikomme, bleibe ich nicht stehen – sie ist sicher schon vorausgegangen.

In der Schule schleiche ich mich in die morgendliche Vollversammlung und setze mich an den Rand einer Reihe. Mrs Jain, die Schulleiterin, hält gerade eine Rede.

»Wenn man weiß, wie jemand anders sich fühlt, kann man die richtigen Entscheidungen treffen«, sagt sie. »Darum geht es bei der Empathie.«

Ich schaue mich um. Jayden Thomas pikst Dan Dore in die Seite, sodass Dan jedes Mal zusammenzuckt. Eine Reihe dahinter lachen sich die B-Bs halb tot. Ich frage mich, ob die auch nur den leisesten Schimmer haben, was Empathie überhaupt ist, und würde mir am liebsten auf der Stelle wünschen, dass sie verschwinden, damit ich ihre gemeinen Gesichter nie wieder sehen muss. Aber dann höre ich Mrs Jain sagen: »Manchmal versteht man einen anderen Menschen vielleicht nicht, aber es steckt immer eine Geschichte dahinter. Lasst uns versuchen, etwas über die Geschichten der anderen herauszufinden. Deshalb fordere ich euch auf, heute etwas Neues über jemanden in eurer Klasse zu lernen, damit die Valleybrook-Grundschule zu einer empathischen Schule wird.« Sie hält einen Moment inne, doch als sie merkt, dass kein begeisterter Beifall aufbrandet, seufzt sie und sagt: »Okay, alle leise zurück in den Unterricht, bitte.«

Auf dem Weg zu unseren Klassenzimmern holt mich Maus ein. »Archie! Wo warst du?«

»Ich habe verschlafen!«, flüstere ich. »Das liegt an der ganzen Aufregung – ich konnte kaum schlafen und bin hundemüde! Du solltest mal mein Zimmer sehen, es ist der Wahnsinn. Ich habe noch nie so viele Sticker auf einem Haufen gesehen. Meine Wünsche werden WIRKLICH WAHR, Maus!«

Maus zieht die Augenbrauen zusammen und runzelt die Stirn. »Es muss doch eine logische Erklärung dafür geben! Was haben denn die Paketboten gesagt? Wussten die nicht, woher die Aufkleber stammen?«

»Nein«, sage ich. Dann fällt mir der Umschlag von heute Morgen ein, und ich wühle in meiner Tasche. »Aber den hier haben sie mir gegeben«, sage ich und ziehe ihn heraus. »Ich habe ihn nicht aufgemacht.«

»Warum nicht?!«

»Ich muss ihn fallen gelassen haben. Er lag heute Morgen vor unserem Haus.«

»Oh, Archie – gib schon her.« Sie schnappt sich den Umschlag und reißt ihn auf. »Genau wie ich dachte. Eine vollkommen nicht magische Erklärung!«

Ich sehe sie verwirrt an.

»Du hast das Gewinnspiel gewonnen!«

»Welches Gewinnspiel?!«

»Na, das, von dem du mir erzählt hast.«

»Aber ich habe bei dem Gewinnspiel nicht mitgemacht!«

»Du *musst* mitgemacht haben!«, sagt sie und hält mir einen Brief hin.

HERZLICHEN GLÜCKWUNSCH, ARCHIE CRUMB!!

Du bist jetzt offiziell der stolze Besitzer
der größten Aufkleber-Sammlung der Welt!!
Viel Spaß mit Deinem Gewinn!

»Aber … aber ich habe das Formular nie abgeschickt! Und außerdem war das ein Gewinnspiel für *Fußballaufkleber.*«

»Bist du sicher?«

Ich versuche mich zu erinnern. »Ich weiß nicht. Es ist schon so lange her. Aber ich habe den Brief *definitiv* nicht abgeschickt.«

»Vielleicht war es deine Mum?«

»Nein, sie verlässt nie das Haus!«, sage ich, ohne nachzudenken, und bereue es sofort. Aber Maus scheint es nicht zu bemerken, denn sie redet einfach weiter.

»Also, irgendjemand muss den Brief ja abgeschickt haben. Du hast es wahrscheinlich nur vergessen, Archie.«

Ich nicke, obwohl ich weiß, dass ich dieses Formular *nicht abgeschickt* habe.

Als wir uns vor meiner Klassenzimmertür verabschieden, sagt Maus: »Es gibt immer eine Erklärung für alles, Archie. Und wenn du wirklich mehr Beweise dafür brauchst, dass das alles nur Zufall ist, dann musst du noch eins drauflegen.«

Hinter mir höre ich Mrs Mathers Stimme. »Okay, genug geplaudert, wir fangen an! Setzt euch bitte und nehmt die Bücher heraus.«

»Los!«, sagt Maus.

Ich flitze schnell ins Klassenzimmer, setze mich auf meinen Platz und tue so, als würde ich in mein Buch starren. Aber den ganzen Tag über denke ich nur an magische Wünsche und meinen Berg von Aufklebern.

Als wir endlich aus der Schule kommen und an der Bushaltestelle sitzen, sage ich zu Maus: »Ich dachte, wir könnten die Aufkleber verkaufen.«

Sie ist sofort Feuer und Flamme. »Ja! Das ist eine gute Idee, Archie. Aber ich mache das nicht in der Schule! Mrs Turner hat mich letztes Jahr dabei erwischt, wie ich Wetten zu den EM-Spielen abgeschlossen habe, und meine Eltern angerufen. Wenn sie sieht, dass ich einen Aufkleber-Stand aufmache, bekomme ich richtig Ärger. Wir müssen es woanders machen.«

»Wie wäre es hier drin?!«, frage ich und zeige auf das Bushaltestellenhäuschen. Es ist mit Graffitis und Kaugummis übersät, aber Maus nickt begeistert.

»Eine Aufkleber-Haltestelle – das gefällt mir.« Sie zieht ein Notizbuch aus der Tasche und beginnt zu kritzeln. »Als Erstes müssen wir die Sticker in Kategorien sortieren, damit die Leute finden können, was sie suchen. Wie in einem richtigen Laden. Soll ich rüberkommen und dir beim Sortieren helfen?«

»Äh, nein, schon gut, das mache ich«, sage ich schnell. »Das ist doch langweilig.«

Maus nickt wieder. Sie weiß, dass zweimal fragen bei mir nichts bringt. »Okay, also, du sortierst sie, und ich mache ein Schild …« Sie breitet die Arme aus und deutet ein großes Schild an der Rückseite des Wartehäuschens an. *»Maus' und Crumbs magische Aufkleber-Haltestelle.«*

Ich lache. »*Crumbs und Maus'*, nicht *Maus' und Crumbs*! Immerhin habe ich mir die Sticker gewünscht, oder?«

Eine Sekunde später höre ich auf zu lachen, denn auf der anderen Straßenseite sehe ich die B-Bs, die grinsend auf uns zeigen. Bevor ich mir allerdings Sorgen machen kann, ertönt das Klingeln des Eiswagens.

»Oh, ein Eis wäre jetzt genau das Richtige. Mir ist *so* heiß!«, sagt Maus und kramt in ihrer Tasche nach Geld.

»Mir auch«, seufze ich und weiß, dass es keinen Sinn hat, in meinen Taschen zu suchen.

»Komm schon!«, ruft sie und rennt über die Straße, wo der Wagen gerade parkt.

Ich folge ihr.

»Mein Geld reicht nur für eins«, sagt Maus, während sie die Münzen in ihrer Hand zählt. »Aber wir können es uns ja teilen.«

Hinter uns ertönt ein gehässiges Lachen, und ich erstarre. Bella und Bea haben sich ebenfalls in die Schlange eingereiht.

»Armer Archie«, sagt Bella mit falschem Mitleid in der Stimme. »Hast du denn kein Geld für ein Eis? Kein Wunder, wenn deine Mum zu faul ist, zur Arbeit zu gehen.«

»Lass ihn in Ruhe!«, fährt Maus sie mit einem finsteren Blick an.

»Ist schon gut, Maus. Kauf du dir ein Eis. Ich will sowieso keins«, murmele ich.

»Alles in Ordnung?«, flüstert sie.

»Ja, ich bin daran gewöhnt«, sage ich und füge scherzhaft hinzu: »Ich wünschte, ich hätte meinen eigenen Eiswagen. Dann würde ich so viel Eis essen, bis mir schlecht wird. Und den beiden Ziegen würde ich NIE was verkaufen, so viel ist sicher!«

Maus' Augen leuchten. »Stell dir mal vor: *Maus' und Crumbs Eisladen.* Das wäre so cool.«

Ich schließe die Augen und stelle mir vor, wie Maus und ich aus dem kleinen Glasfenster schauen und die größten Eiswaffeln der Welt in der Hand halten.

Im selben Moment kommt Wind auf, und ein vertrautes Kribbeln läuft meinen Rücken hinunter. O nein, was habe ich gerade getan?!

Der Eiswagenmann bedient noch den Jungen vor uns, dann treten wir an den Anfang der Schlange. Da klingelt im Inneren des Wagens ein Telefon, und der Mann nimmt ab. Hinter uns stehen eine Menge Leute, und die Schlange wird immer länger.

»Tut mir leid, Leute. Eine Minute, ja?«, sagt der Mann im Wagen zu uns, bevor er sich dem Anruf widmet.

»Hast du gerade auch den Windstoß gespürt?«, flüstere ich Maus zu.

»Nein. Wieso?«

»Ich glaube, ich habe etwas angestellt«, sage ich. »Habe ich mir gerade einen Eiswagen gewünscht?«

Bevor Maus antworten kann, erscheint der Mann wieder an der Luke. Sein Gesicht ist blass, und er zieht sich hektisch die Schürze aus. Währenddessen redet er vor sich hin.

»O Gott, o Gott. Ich muss sofort los. Aber was mach ich denn nur mit dem Eiswagen?« Sein Blick fällt auf Maus und mich. »Tut mir leid, Leute, ihr müsst euch selbst bedienen.« Er reicht mir einen Schlüsselbund durchs Fenster. »Hier, Junge. Du hast das Sagen. Bedien mit deiner Freundin alle anderen in der Schlange – außer diese beiden.« Ich sehe, wie er auf Bella und Bea zeigt, die entrüstet nach Luft schnappen. »Unfreundliche Menschen bediene ich aus Prinzip nicht. Wenn alle weg sind, könnt ihr so viel Eis essen, wie ihr wollt. Okay?«

Damit springt er aus der Hintertür des Lieferwagens und ruft im Rennen über die Schulter: »Ich bin später wieder da! Pass einfach auf den Wagen auf, Junge. Es ist quasi dein Eiswagen, bis ich zurückkomme!«

Fassungslos starre ich dem Mann hinterher. Die B-Bs stehen mit verschränkten Armen da und tuscheln schon wieder. Eine Frau weiter hinten in der Schlange lacht freundlich und sagt: »Dann geht besser mal rein und fangt an, sonst seid ihr noch die ganze Nacht hier!«

»Komm schon!«, sagt Maus. »Ich wollte schon immer mal wissen, wie ein Eiswagen von innen aussieht!«

Bin ich etwa der Einzige, der sich fragt, was zur Hölle gerade passiert ist? Alle anderen verhalten sich so, als wäre es völlig normal, dass jemand einem Elfjährigen einen Eiswagen anvertraut.

Zitternd öffne ich mit dem Schlüssel die Tür, und Maus und ich steigen ein. Ich entdecke die Maschine mit der Düse, aus der das Softeis kommt. Daneben stehen Behälter mit Streuseln und Soßen, eine Packung Cadbury Schoko-Flakes und eine Kühltruhe voller Wassereis in allen Sorten, die man kennt: Capri, Twister, Calippo, Lutschfinger, ALLES.

Ich drehe mich zu Maus um, die gerade die Eimer mit den gehackten Nüssen bestaunt und dann begeistert zu mir aufblickt. »Okay, diese Wünsche fangen an, mir Spaß zu machen, Archie.«

Ich grinse. »Dabei wollte ich mir diesen nicht mal wünschen!«

»Tja, es gibt trotzdem keinen Grund, ihn zu vergeuden, oder?«, sagt sie, schiebt sich einen Schoko-Flake in den Mund und wendet sich durch das Fenster der Schlange zu.

Nachdem wir verstanden haben, wie die Düse funktioniert, bedienen wir nach und nach die Leute. Bella und Bea sind immer noch da.

»Zwei doppelte Softeis mit Soße und Streuseln«, verlangt Bella und knallt ihr Geld auf den Tresen.

»Ich fürchte, ich darf euch nichts verkaufen«, sage ich und lächle sie so treuherzig wie möglich an. Dabei fühle ich mich mächtiger als jemals zuvor. »Ihr habt ja gehört, was der Mann gesagt hat. Und alle anderen in der Schlange auch. Könntet ihr jetzt bitte zur Seite gehen, damit ich diese höflichen Menschen bedienen kann, die so geduldig gewartet haben?«

»Aber … aber … das ist nicht fair!«, schreit Bella.

Doch die Frau hinter ihr in der Reihe schiebt sie beiseite. »Entschuldigt, Mädels. Aber ihr habt kein Eis verdient! Wir haben alle gehört, was ihr zu diesem Jungen gesagt habt. Vielleicht denkt ihr das nächste Mal nach, bevor ihr so gemein seid.« Dann wendet sie sich mir zu. »Zwei Twister, bitte.«

»Na schön«, knurrt Bella. »Das Eis hier ist sowieso Mist!«

Ich ignoriere sie und bediene die Frau. Aus dem Augenwinkel sehe ich allerdings, wie Bella aufstampft und Bea mich anfunkelt, als würde sie vor Wut platzen. Es fühlt sich so gut an! Schließlich stürmen sie davon, und Maus und ich klatschen einander ab.

Einen Eiswagen zu führen, ist tatsächlich harte Arbeit. Man muss sich die Bestellungen merken, das richtige Wechselgeld herausgeben und bei allem immer lächeln! Nach ein paar katastrophal schiefen Eiswaffeln haben wir langsam den Dreh raus. Ich drücke auf die Düse, und während Maus die Streusel und Soßen drüberschüttet, kassiere ich das Geld. Wir verkaufen zwar nicht die schönsten Eiswaffeln der Welt, aber wir sind ziemlich großzügig mit der Soße, und deshalb beschwert sich niemand.

Als der letzte Teenager vor der Luke ankommt und wir ihm ein Softeis mit einem Schoko-Flake verkaufen, sagt er: »Ich wünschte, ich könnte auch in einem Eiswagen arbeiten. Ihr habt so ein Glück!«

Nachdem er verschwunden ist, schließen wir die Luke und lassen uns auf die kleine Bank fallen.

»Jetzt könnte *ich* ein Eis gebrauchen!«, sagt Maus und legt sich mit weit geöffnetem Mund unter die Düse.

»Ein Doppeltes, bitte, Mr Crumb, mit extra Soße und Streuseln.«

»Gewiss, Madam«, sage ich, drücke die Düse nach unten und muss lachen, als ihr das Eis über das ganze Gesicht spritzt. Sie quiekt und kichert unter ihrer Eisladung, kann sich aber nicht bewegen, weil sonst alles auf den Boden rutschen würde.

»Streusel, Madam?«, frage ich und verteile Streusel und Soßen über ihr ganzes Gesicht.

»Sonst noch etwas, Madam?«, frage ich prustend, woraufhin Maus eine Handvoll Eis von ihrer Nase nimmt und mir direkt ins Gesicht klatscht.

Eine Eis-Schlacht, ein Capri, ein Twister und ein Streusel-Festmahl später räumen wir auf und schlecken dann zwei der größten Softeistüten, die die Welt je gesehen hat, bedeckt mit allem, was man sich vorstellen kann: Erdbeersoße und Schokostreusel, drei Schoko-Flakes und einem Kaugummi obendrauf. Wir sind glücklich und müde und malen uns aus, was ich mir noch alles wünschen könnte.

»Wenn du einen Eiswagen bekommen kannst, dann überleg doch mal, was du sonst noch alles haben könntest!«, sagt Maus. In diesem Moment piepst ihr Handy. »Mist, ich muss nach Hause, Archie. Mum dreht durch und fragt, wo ich stecke.«

»Keine Sorge, ich bleibe hier«, sage ich. Meine Mum wird nicht mal gemerkt haben, dass ich nicht zu Hause bin.

Als Maus weg ist, wird es draußen langsam dunkel, und die Herbstluft fühlt sich plötzlich kälter an. Der Eiswagen kommt mir nicht mehr ganz so gemütlich vor wie vorhin.

Ich stecke den Schlüssel ins Zündschloss, damit ich

Radio hören kann, aber stattdessen ertönt das Klingeln des Wagens. Es ist so laut, dass ich zusammenzucke. Im dämmrigen Abendlicht kommt mir das Klingeln irgendwie unheimlich vor, und ich drehe schnell den Schlüssel, um es wieder auszuschalten.

Wie lange soll ich denn noch hier warten? Ich will den Wagen zwar nicht einfach mit den Schlüsseln stehen lassen, aber ich kann schließlich nicht die ganze Nacht hierbleiben. Nach der ganzen Schokoladensoße ist mir ziemlich übel, also lege ich mich auf die Bank und ziehe mir meine Jacke über, um mich warm zu halten. Vor lauter Erschöpfung schließe ich meine Augen. Ich muss mich nur einen kurzen Moment ausruhen …

Im nächsten Moment steige ich mit Lucas Bailey einen Berg aus Eiscreme hinauf, und unsere Füße sinken bei jedem Schritt tief ein. Als wir oben ankommen, fangen wir an zu feiern, aber plötzlich rutsche ich aus, und dann falle ich. Am Fuß des Eiscreme-Berges kann ich Mum erkennen, aber sie sieht nicht, wie ich falle …

Ich schrecke auf und erblicke den Eismann, der sich über mich beugt und mich sanft an den Schultern schüttelt. Verwirrt schaue ich mich um. Ich muss eingenickt sein. Der Mann sieht müde, aber sehr glücklich aus.

»Du bist geblieben!«, sagt er.

»Ja«, murmele ich und reibe mir die Augen. »Ich wollte den Wagen nicht einfach so stehen lassen.« Ich schaue aus dem Fenster und sehe, dass es draußen bereits stockdunkel ist.

Der Eismann strahlt mich an. »Also, kleiner Mann, ich kann dir gar nicht genug danken. Es tut mir so leid, dass ich dich einfach mit dem Wagen allein gelassen habe. Bei meiner Frau ist die Fruchtblase geplatzt, und sie dachte, sie schafft es nicht mehr rechtzeitig ins Krankenhaus, bevor das Baby kommt. Wir wohnen gleich um die Ecke, deswegen musste ich einfach losrennen!«

»Geht es ihr gut?«, frage ich.

»Ja. Sie kuschelt gerade im Krankenhaus mit unserem kleinen Jungen.«

»Herzlichen Glückwunsch«, sage ich, weil ich weiß, dass Erwachsene das zueinander sagen, wenn sie ein Kind bekommen.

Er grinst. »Danke! Und? Wie war es, einen Nachmittag lang Eismann zu spielen?!«

»Es hat Spaß gemacht!«, sage ich. »Aber es war auch ein bisschen chaotisch. Und wir haben ziemlich viel Eis gegessen!«

»Das will ich doch hoffen! Als Dank kannst du hier für den Rest deines Lebens kostenlos Eis essen! Wie heißt du?«

»Archie Crumb«, sage ich, und im gleichen Moment gluckst mein Magen. »Das ist wirklich nett, Sir, aber ich bin mir nicht sicher, ob ich in meinem Leben noch ein einziges Eis essen kann!«

»Ha! Das kenn ich. Ich glaube, ich habe schon seit Jahren keins mehr gegessen! Ich bin übrigens Martin«, sagt er, während ich mir meine Jacke anziehe. »Archie –

das ist ein schöner Name. Wir dachten, das Baby würde ein Mädchen werden, also haben wir uns keine Jungennamen überlegt. Baby Archie. Das gefällt mir! Was hältst du davon, einen Namensvetter zu kriegen?«

»Das wäre ziemlich cool!«, sage ich.

»Soll ich dich nach Hause bringen? Dann kann ich mich bei deinen Eltern dafür entschuldigen, dass ich dich aufgehalten habe!«

»Nein danke, ich wohne nicht weit von hier. Mach's gut, Martin!« Ich trete in die dunkle Nacht hinaus, und Martin winkt mir nach.

Wenn ich mir heute nicht einen Eiswagen gewünscht hätte, wäre Baby Archie nicht nach mir benannt worden. Vielleicht hatte mein Wunsch damit aber auch gar nichts zu tun. Vielleicht lag es daran, dass ich im Wagen geblieben und nicht einfach weggegangen bin.

Ich taste in meiner Tasche herum und hole Sticker-Lucas heraus. »Ich hätte den Wagen ja auch stehlen oder das ganze Eis verschenken können. Oder ich hätte den Wagen stehen lassen müssen, wenn meine Mutter sich Sorgen gemacht hätte. Dann gäbe es kein Baby Archie, oder? Es wäre ein Tom oder ein Billy geworden. Es geht also nicht nur um das Wünschen an sich, stimmt's? Es kommt darauf an, was man mit dem Wunsch anstellt.«

Ich ertappe mich dabei, wie ich Lucas anlächle. Und vielleicht liegt es an einer Lichtspiegelung, aber ich bin mir sicher, dass seine Augen zurückzwinkern.

Neun

Die besten Entscheidungen, die ich je getroffen habe, verdanke ich meinem Instinkt.

– Lucas Bailey

Ist »Instinkt« etwas, das schlecht riecht?

– Archie Crumb

Zwei Tage später findet in der Schule schon wieder eine Morgenversammlung statt. Ich reibe mir gerade den Schlaf aus den Augen, als Mrs Jain sagt: »Heute ist Mr Fell hier und hat große Neuigkeiten mitgebracht. Mr Fell, ich übergebe an Sie.«

Ein Kind in der ersten Reihe sagt: »Übergebe!«, und macht Kotzgeräusche. Alle fangen an zu kichern.

Mr Fell war letztes Jahr mein Klassenlehrer. Am Anfang kam es mir so vor, als würde er Kinder nicht besonders mögen, aber nachdem wir ihn besser kennengelernt hatten, war er eigentlich echt lustig. Er hat einfach einen ziemlich trockenen Humor. Einmal zum Beispiel, als Bea ständig ihren Stift in die Luft warf, anstatt weiterzuarbeiten, sagte Mr Fell: »Deine Fangkünste sind wirklich beeindruckend, Bea. Ich bin sicher, dass du es damit im

Leben weit bringen wirst. Wer braucht da schon Bruchrechnen …«

Bea lief knallrot an und murmelte eine Entschuldigung. Ich würde die B-Bs auch gerne mal so zum Schweigen bringen, aber mir fallen in den entscheidenden Momenten immer keine schlagfertigen Antworten ein. Erst auf dem Heimweg, wenn ich die Szenen wieder und wieder durchspiele, weiß ich irgendwann, was die perfekten Antworten gewesen wären:

»Bella, wenn es in der Schule darum ginge, wie gemein man sein kann, dann würdest du nur Einsen mit Sternchen bekommen.«

Oder:

»Ich hätte ja nichts dagegen, dass du meinen Bleistift klaust, wenn du wenigstens etwas Interessantes damit schreiben würdest.«

Ich denke an ihre wütenden Gesichter, als ich sie gestern von *meinem* Eiswagen weggeschickt habe, und lächle vor mich hin. Vielleicht brauche ich jetzt gar keine schlagfertigen Sprüche mehr.

»Danke, Mrs Jain«, sagt Mr Fell und holt mich damit wieder zur Versammlung zurück. »Okay, hört mal alle zu. Nächsten Monat veranstalten die Valley Rovers ein schulübergreifendes Fußballturnier für die Klassen fünf und sechs. Dazu werden Schulen aus dem ganzen Land eingeladen, und unsere Valleybrook-Grundschule soll auf jeden Fall auch teilnehmen – immerhin sind wir Lucas Baileys alte Schule, nicht wahr?«

Ein paar Kinder im hinteren Teil des Raumes beginnen »Bailey, Bailey, Bailey« zu rufen. Doch Mr Fell schimpft sie nicht aus, denn alle hier lieben Lucas Bailey – das gehört zum Leben einfach dazu, es ist wie ein Gesetz. Man MUSS Lucas Bailey lieben.

Mr Fell lächelt stattdessen und fährt fort. »Aus diesem Grund müssen wir eine möglichst starke Mannschaft aufstellen, damit wir zeigen können, dass Valleybrook immer noch sportliche Talente vorweisen kann. Und tatsächlich werden die Medaillen von niemand anderem verliehen als …« Er macht einen Trommelwirbel auf seinen Knien, und alle stimmen mit den Füßen ein. »Richtig, Lucas Bailey persönlich!«

Eine Welle der Aufregung rauscht durch den Saal, und einige Kinder jubeln laut. Mein Herz klopft schnell. Lucas Bailey!

»Nächsten Mittwoch werden nach der Schule die Probetrainings für die endgültige Mannschaftsaufstellung stattfinden. Jeder, der beim Turnier mitmachen möchte, kann sich nach der Versammlung auf dem Anmeldebogen draußen eintragen.«

Mich verlässt der Mut. Ich habe viel zu wenig Erfahrung und werde es nie in die Mannschaft schaffen. Doch bei Mr Fells nächsten Worten horche ich auf.

»Wenn ihr noch nie Fußball gespielt habt, solltet ihr euch davon nicht abhalten lassen. Lucas möchte, dass *jeder* beim Probetraining mitmachen darf, unabhängig von Vorkenntnissen und Fähigkeiten. Und deshalb wird es in jedem Team mindestens zwei Plätze für Kinder geben, die noch nie in einer Schulmannschaft waren. So, das war's erst mal, jetzt könnt ihr alle in den Unterricht gehen.«

Im Saal bricht augenblicklich ein großes Geschnatter los, und auch ich bin total aufgeregt. Ich muss es unbedingt in diese Mannschaft schaffen. Im Valley-Stadion zu spielen, Lucas wiederzusehen und ihm für die erfüllten Wünsche zu danken, wäre mein absoluter Traum. Ich schließe die Augen und will es mir gerade wünschen, aber als ich mir vorstelle, wie ich auf dem Rasen des Valley-Stadions stehe, höre ich Bellas böse Stimme.

»Was macht denn der kleine Spinner da? Ich glaube, er ist eingeschlafen!«

Ich spüre einen Stoß in meinem Rücken, und als ich die Augen öffne, bin ich von Bella und Bea und einer Gruppe anderer Kinder umringt, die mich alle auslachen. Wie können sie es wagen, mich zu stören, wenn ich gerade den wichtigsten Wunsch meines Lebens ans Universum sende. Sie machen alles kaputt! Während sie kichernd auf mich zeigen und so tun, als würden sie einschlafen, spüre ich, wie mein Gesicht heiß wird.

»Oh, schaut mal, jetzt wird er auch noch rot, Leute!«, quietschen Bella und Bea.

Als ich in ihre furchtbar gemeinen Gesichter blicke, spüre ich, wie meine Verlegenheit in Wut umschlägt, aber sie lachen einfach weiter. Und dann tue ich es.

Ich sehe Bella und Bea an und rufe laut: »Ich wünschte, ihr würdet auch einmal ausgelacht werden!«

Dann schließe ich die Augen und höre sie wieder juchzen und kreischen: »Ha! Er macht es schon wieder! Er ist eingeschlafen!«

Aber diesmal lasse ich mich nicht beirren. Stattdessen stelle ich mir vor, wie alle lachend auf Bella und Bea zeigen. Und während um mich alle singen: »ICH WÜNSCHTE ... ICH WÜNSCHTE ... ICH WÜNSCHTE, ICH WÄRE NICHT ARCHIE CRUMB!«, und johlend die Aula verlassen, öffne ich die Augen und lächle.

Nach der Schule treffe ich mich mit Maus, und wir gehen zum Wartehäuschen. Bevor ich ihr von dem B-B-Wunsch erzählen kann, sieht sie mir ernst ins Gesicht.

»Du denkst doch nicht etwa darüber nach, einen der Wünsche zu benutzen, um an dem Turnier teilzunehmen, oder?«

»Nein ... Doch ... Warum nicht, wäre das so schlimm?«

»Ja, das wäre schlimm! Archie, bei dem Turnier geht es darum, die besten Spielerinnen und Spieler zu finden, die einen Platz in der Mannschaft verdient haben, und nicht darum, es sich leicht zu machen und sich durch einen Wunsch ins Team zu schummeln.«

»Okay, okay, das werde ich nicht«, sage ich. Nach einer Pause füge ich hinzu: »Du solltest auf jeden Fall ins Team kommen.«

Sie schnaubt. »Ich bin das einzige Mädchen auf der Liste, und sie wollen nicht ein einzelnes Mädchen ins Team aufnehmen, damit ich nicht von allen Jungs angegriffen werde. Dabei bin ich doppelt so schnell wie die meisten Jungs und gehe eher in einen Zweikampf als sie alle – das ist so bescheuert.«

»Ja, das ist wirklich total nervig«, sage ich seufzend. »Stell dir mal vor, wie es wäre, wenn Lucas Bailey dir einen Pokal überreicht. Ich frage mich, ob er mich wohl erkennen würde, wenn wir uns wiedersehen. Glaubst du, dass es tatsächlich er war an diesem Abend?«

»Wer weiß, Archie. Das Ganze hörte sich wirklich seltsam an. Aber ich habe noch mal nachgedacht, und diese ganzen tollen Dinge, die dir passieren, könnten trotzdem einfach nur Zufälle sein.«

»Ist das dein Ernst?! Ich weiß ja nicht, wie es dir geht, aber mir ist immer noch schlecht von all dem Eis, das ich mir GEWÜNSCHT HABE!«

»Ich will damit nur sagen, dass wir diese Möglichkeit nicht ausschließen können. Dass die Frau irgendeines Mannes ein Baby bekommt, ist jetzt nicht gerade Abrakadabra, oder? Die einzige Möglichkeit, ganz sicher zu wissen, ob die Wünsche echt sind, ist, etwas *wirklich* Unmögliches zu wünschen – etwas, das *nur* durch Magie entstehen kann.«

»Was zum Beispiel?«

»Das musst du dir allein überlegen, ich muss nach Hause. Mum hat gesagt, wenn ich Flumps Käfig nicht bis fünf Uhr ausgemistet habe, bringt sie sie in eine Auffangstation für verwahrloste Rennmäuse.«

»Gibt es so was überhaupt?«, frage ich.

»Ich bezweifle es«, ruft sie über die Schulter zurück. »Aber ich will nichts riskieren!«

In unserem Haus brennt Licht, und als ich die Tür öffne, sehe ich Mum in der Küche. Ich kann mir ein breites Grinsen nicht verkneifen. Sie ist aus dem Bett aufgestanden! Doch sofort komme ich mir dumm und peinlich vor. Ich bin wie ein kleines Kind, das aus der Schule stürzt und schreit: »Mummy, Mummy, ich hab dich so vermisst!«

Ich versuche cool zu bleiben und betrete die Küche.

»Hey, Mum, hast du Abendessen gemacht?«, frage ich.

»Nur Nudeln mit Pesto. Ich weiß, dass du Käsesoße am liebsten magst, aber wir haben keinen Käse mehr. Hattest du einen schönen Tag?«

»Ja, danke.«

Sie gähnt, und mir rutscht das Herz in die Hose, weil ich weiß, was gleich kommt. Sie wird mir sagen, dass sie wieder ins Bett muss. Ich suche hektisch nach etwas, worüber ich mit ihr reden kann, damit sie hierbleibt.

Meine Mum kann eigentlich ziemlich gut zuhören. Es ist seltsam, bei meinen Problemen kann sie mir fast immer helfen, aber ihre eigenen hat sie überhaupt nicht im Griff. Einmal hat mir die B-B-Gang Kaugummi in die Haare geklebt. Ich habe versucht, ihn rauszubekommen, aber er saß zu fest, und am Ende musste ich Mum bitten, ihn mir herauszuschneiden. Während sie vorsichtig daran herumschnippelte, fragte sie, was passiert sei, also erzählte ich ihr, wie fies die B-Bs zu allen und besonders zu mir waren.

Am Ende umarmte sie mich und fragte: »Weißt du, dass ich früher für Bellas Vater gearbeitet habe?«

Ich nickte. Natürlich wusste ich das. Es war ja einer der Gründe, warum wir in diesem Schlamassel steckten.

»Tja, er ist kein netter Mann, Archie. Er behandelt seine Angestellten sehr schlecht.«

»Wirklich?«, sagte ich.

»Wirklich. Es überrascht mich nicht, dass Bella gemein sein kann. Ihr Vater ist ein grausamer Mensch, und so was färbt manchmal ab. Eigentlich ist das furchtbar traurig, wenn man mal darüber nachdenkt. Natürlich entschuldigt das nicht, was sie dir antun, aber es ist immer hilfreich zu wissen, dass jeder auch eigene Probleme hat.«

Die Erinnerung an dieses Gespräch bringt mich zum Nachdenken. Vielleicht ist es sogar noch wichtiger, dass ich Bella eine Lektion erteile, bevor es zu spät ist und sie für immer ein schrecklicher Mensch wird. Aber wenn Bella wegen ihres Vaters so eine Mobberin ist, was bedeutet das dann für mich? Ich will nicht so enden wie Mum, verzweifelt und weinend im Bett. Jedes Mal, wenn ich mich müde fühle und morgens nicht aufstehen will, kriege ich Panik, dass ich vielleicht so werde wie sie. Das lässt mich dann wie der Blitz aufstehen.

Ich will auch kein Lügner werden wie mein Dad. Deshalb kann ich seit der Scheidung keine Notlüge mehr erzählen. Als ich zum Beispiel Mrs Mather sagte, ich hätte mein Hausaufgabenblatt »verloren«, überkam mich eine solche Angst, wie mein Vater zu werden, dass ich ihr eine

Woche später die Wahrheit beichtete – dass ich aus dem Blatt einen Flieger gefaltet und ihn versehentlich in eine Pfütze geworfen hatte. Sie war ziemlich nett und dankte mir für meine Ehrlichkeit.

Jedenfalls will ich auf keinen Fall so werden wie meine Eltern. Deswegen versuche ich IMMER die Wahrheit zu sagen und NIEMALS tagsüber zu schlafen. Ich finde, das sind zwei ziemlich gute Persönlichkeitsmerkmale. Vielleicht sollte ich mir wünschen, nicht so zu werden wie meine Eltern? Aber das geht nicht, denn Lucas sagte ja, dass die Wünsche niemanden innerlich verändern können, also auch mich nicht.

Mum reißt mich aus meinen Gedanken.

»Na gut, genieß dein Abendessen, mein Schatz«, sagt sie und geht zur Tür.

»Im Valley-Stadion findet ein Fußballturnier für Schulen statt, und meine Schule wird auch teilnehmen!«, sage ich schnell.

Sie bleibt stehen und dreht sich um – es funktioniert. »Ooh, das ist ja toll. Machst du mit?«

Ich zucke mit den Schultern. »Ich möchte wirklich gern, aber ich glaube nicht, dass ich es ins Team schaffe.«

»Vielleicht brauchst du ein bisschen mehr Übung. Es sollte dir im Blut liegen – ich war früher jedenfalls ziemlich gut!«, sagt sie.

»Ich weiß! Erinnerst du dich noch, wie du im Park mal einen Rainbow Flick gemacht hast? Das war krass.«

Sie lächelt vor sich hin, und beinahe glaube ich, dass meine Ablenkung funktioniert. Vielleicht erinnert sie sich an die Zeit, als wir in den Park gegangen sind und zusammen gespielt haben. Als Dad im Tor stand und wir auf ihn geschossen haben. Sie konnte den Ball länger in der Luft halten als wir beide.

Offenbar denkt sie auch an unsere Familienausflüge, denn plötzlich ändern sich ihr Gesichtsausdruck und ihr Tonfall. »Dein Dad hat vorhin angerufen. Ich bin nicht rechtzeitig rangegangen – aber ruf ihn bitte zurück, ja?«

Meine Mum geht *nie* ans Telefon. Sie sagt immer Sachen wie »Ich habe es knapp verpasst« oder »Die haben aufgelegt«, aber ich weiß, dass sie gar nicht erst abnimmt. Einmal, als sie dachte, ich sei nicht da, hörte ich das Telefon klingeln und wartete, ob sie rangehen würde. Nachdem es etwa zehnmal geklingelt hatte, hörte ich sie schreien: »LASST MICH IN RUHE!«, und dann noch ein schlimmes Schimpfwort hinterher. Ihre Stimme dabei werde ich nie vergessen. Sie klang rau und hoch und kreischend. Deshalb versuche ich jetzt immer, superschnell ans Telefon zu gehen, wenn ich zu Hause bin. Damit ich diese Stimme nie wieder hören muss.

Mum seufzt. »Wie auch immer, ich bin kaputt, Schatz. Ich lege mich jetzt hin.«

»Willst du keine Nudeln?«, rufe ich ihr nach, aber es ist zu spät. Mehr werde ich diese Woche wohl nicht von ihr zu sehen bekommen.

Ich rufe Dad an. Er fängt sofort an zu reden, und es hört sich an, als würde er nebenbei etwas anderes tun.

»Hör mal, Arch. Ich weiß, wir hatten vereinbart, dass du dieses Wochenende zu uns kommst, aber Scarlett hat morgen Geburtstag, und wir haben für morgens eine Geburtstagsüberraschung geplant. Kannst du deswegen erst am Nachmittag kommen?«

Ich öffne den Mund, um zu fragen, ob ich nicht auch zu der Geburtstagsüberraschung mitkommen darf, aber dann halte ich inne. Es hat ohnehin keinen Sinn.

»Ja«, sage ich stattdessen. »Wann?«

»Gegen drei sollte passen. Wir sehen uns morgen, Arch. Bis dann!« Und schon hat er aufgelegt.

Mist! Ich hatte ganz vergessen, dass Scadge dieses Wochenende Geburtstag hat. Dad und Julie werden ein Riesending daraus machen und Scadge wahrscheinlich tausend Geschenke gekauft haben. Letztes Jahr waren es so viele, dass sie irgendwann keine Lust mehr hatte, die Sachen auszupacken. Am Ende haben wir beide mit den leeren Kartons gespielt, und das schien ihr am meisten Spaß zu machen. Ich versteckte mich im größten Karton, sprang dann heraus und rief: »HAPPY BIRTHDAY, SCADGY SCOO!« Und obwohl sie genau wusste, dass ich da drin war, kreischte sie jedes einzelne Mal begeistert und rief: »Noch mal!« Ich glaube, sie hätte damit noch stundenlang weitermachen können, aber nach etwa zwanzig Minuten musste sie so lachen, dass sie sich in die Hose machte. Julie war stinksauer auf mich.

»Um Himmels willen, Archie. Du weißt doch, dass ich es nicht gut finde, wenn Scarlett so aufgedreht ist!«

Jetzt habe ich gar kein Geschenk für Scadge. Ich überlege, ob ich ihr von meinen Sachen etwas schenken sollte. Natürlich könnte ich ihr eine Ladung Aufkleber mitbringen, aber das ist kein wirklich tolles Geschenk. Ich möchte ihr etwas Besonderes schenken.

Also setze ich mich hin und fange an, ihr eine Karte zu basteln. Meine Mum hat noch nie Geburtstagskarten gekauft, auch nicht als sie sich noch welche leisten konnte. Sie sagte immer: »Das ist absolute Geldverschwendung. Wer auf dieser Welt hätte nicht lieber ein selbst gemaltes Bild?« Ich fand es immer schön, wenn wir zusammen Karten gebastelt haben. Wir haben Formen ausgeschnitten und Bilder von Sachen gezeichnet, von denen wir wussten, dass sie den Leuten gefallen würden. Mum kann super zeichnen. Sie lässt alles so realistisch aussehen. Früher hat sie manchmal auch mich gezeichnet, aber das ist schon lange her.

Ich reiße eine Seite aus meinem Englischheft und falte das Papier in der Mitte. Ich weiß genau, was ich zeichnen werde. Es gibt nur eine Sache, die ich ständig für Scadge malen soll. Zuerst zeichne ich den Umriss und beginne dann, die Beine zu schraffieren. Beim Gedanken an Scadges begeistertes Gesicht, wenn sie mein Bild sieht, kribbelt mein Bauch.

Es ist schon komisch, eine Schwester zu haben und nicht wirklich viel mit ihr zusammen sein zu können.

Manchmal stelle ich mir vor, wie es wäre, wenn ich bei Dad und Julie wohnen und Scadge jeden Tag sehen könnte. Ich stelle mir vor, wie sie auf mich zurennt, mich umarmt und mich dazu überredet, nach der Schule Bilder für sie zu malen. Sie findet, dass ich super zeichnen kann, auch wenn das gar nicht stimmt. Scadge denkt sowieso, ich sei in allem gut. Ich hoffe, wenn sie älter wird, merkt sie nicht, wie sehr sie sich getäuscht hat. Wahrscheinlich will sie dann ohnehin nicht mehr viel mit mir zu tun haben. Wenn es nach Dad und Julie ginge, würde ich sie generell nicht so oft sehen.

Plötzlich kommt mir meine Geburtstagskarte klein und schäbig vor. Ich wünschte, ich könnte etwas für sie machen, an das sie sich für immer erinnern wird. Etwas Größeres als eine doofe Zeichnung.

Da fällt mir ein, was Maus in der Bushaltestelle gesagt hat, über die Dinge, die ich am liebsten mag und die mich glücklich machen. Scadge gehört auf jeden Fall dazu. Und plötzlich kommt mir eine Idee.

Ich nehme meine Jacke, renne nach draußen und schwinge mich auf Jack, um zu Maus zu fahren. Ich habe ihr immer noch nicht von dem B-B-Wunsch erzählt, und sie wird mich umbringen, wenn ich mir noch mehr wünsche, ohne es vorher mit ihr abzusprechen.

»KRAAAAH, KRAAAAH!«, rufe ich, als ich unter ihrem Fenster stehe. Einen Moment später kommt Maus aus dem Haus, auf dem Arm hält sie die mit Sägespänen bedeckte Flump.

»Wie wäre es mit einem Einhorn?!«, rufe ich, noch bevor sie die Tür hinter sich geschlossen hat.

»Wovon redest du?«, fragt sie.

»Du wolltest doch, dass ich darüber nachdenke, was mich glücklich macht«, sage ich und versuche, meine Aufregung zu zügeln.

»Ja.«

»Und du hast gesagt, der nächste Wunsch sollte etwas Unmögliches sein, damit sogar *du* sicher bist, dass alles wahr ist?«

»Ja.«

»Na also, ich hab's. Ein Einhorn!«

Maus starrt mich an. »Es gibt alle möglichen Dinge, die diese Wunsch-Kriterien erfüllen, Archie. Wie bist du direkt im Reich der Fabelwesen gelandet?«

»Scadge *liebt* Einhörner. Sie hat morgen Geburtstag, und ich habe noch kein Geschenk. Stell dir mal vor, ich wünsche mir ein Einhorn für sie! Das würde sie so glücklich machen! Und dann glaubst du mir, oder?«

»Ja, ich schätze schon. Ich meine, es ist ein bisschen plemplem, aber warum nicht? Wann willst du es machen?«

»Ich gehe morgen Nachmittag hin.«

»Gut. Am Sonntag musst du dann direkt von dort hierherkommen und mir alles erzählen. Du isst doch sowieso bei uns zu Abend, oder?«

»Na sicher!«, sage ich und schwinge mich wieder auf Jack. Doch bevor ich losfahre, drehe ich mich noch einmal um. »Ach ja, ich habe vergessen zu erwähnen, dass ich mir Wunsch Nummer vier schon gewünscht habe, das hier wird also Nummer fünf sein.«

»Was hast du dir denn gewünscht?«, ruft sie mir nach.

»Ach, nichts Großes. Die B-Bs werden endlich bekommen, was sie verdienen, das ist alles!«

Ich höre, wie sie aufkeucht und hinter mir herruft: »Archie! Komm zurück! Archie!«

Doch ich halte nicht an und fahre auch nicht zurück. Ich lasse mich den Hügel hinunterrollen und spüre den Wind im Gesicht. Mein Leben fühlt sich jetzt viel besser an als vor meiner Begegnung mit Lucas, als ich traurig und einsam war. Wer braucht schon einen doofen Kurzurlaub im Wohnwagen, wenn er ein Einhorn herbeiwünschen kann! *Alles wird gut*, denke ich. Nein, sogar besser.

»ALLES WIRD GROSSARTIG!«, schreie ich aus voller Kehle in den Wind.

Zehn

Hör auf zu hoffen, dass der Regen aufhört,
und fang einfach an zu tanzen.

– Lucas Bailey

Auf dem Schulhof vor ein paar Mensa-Mitarbeiterinnen und der B-B-Gang zu tanzen, während es schüttet, ist eine absolut grauenvolle Vorstellung, Lucas.

– Archie Crumb

In dieser Nacht träume ich davon, wie Lucas Bailey auf einem Einhorn reitet. Als ich aufwache, muss ich laut darüber lachen. Dann schließe ich die Augen sofort wieder, tausche Lucas gegen Scadge aus und stelle mir vor, wie sie von einem Ohr zum anderen grinsend auf dem Rücken eines weißen Einhorns mit einem regenbogenbunten Horn durch den Himmel fliegt. Mit diesem Bild im Kopf sage ich laut: »Ich wünsche mir, dass Scadge ein eigenes Einhorn zum Geburtstag bekommt.«

Dann springe ich aus dem Bett, hole meinen Wunschzettel und füge meine neusten Wünsche hinzu.

ARCHIE CRUMBS WUNSCHZETTEL

1. *Eine Xbox & Pizza*
2. *Die größte Aufkleber-Sammlung der Welt*
3. *Einen Eiswagen*
4. *Rache an der B-B-Gang*
5. *Ein Einhorn für Scadge*
6.
7.
8.
9.

Ich springe aus dem Bett und bin so aufgeregt und glücklich, dass ich beschließe, zur Feier des Tages Pancakes zu machen. Das ist Mums Lieblingsessen. Als ich noch klein war, haben wir immer gesagt, dass wir eines Tages ein Pancake-Café eröffnen und Pancakes mit Hunderten von verschiedenen Füllungen verkaufen werden. Mum hat mir beigebracht, wie man sie backt und perfekt wendet. Gut, dass sie mir das beigebracht hat, denn sonst könnte ich nur Sachen aus der Dose essen. Und ehrlich gesagt werden Suppen, Bohnen und Ravioli manchmal ein bisschen langweilig.

Mein Rekord im Pancakes-Essen liegt bei sechs Stück, aber so viele schaffe ich bloß, wenn sie nur mit Zitrone und Zucker sind. Wenn ich sie mit Schokolade oder Banane belege, werde ich schneller satt. Bei Mum musste ich zuerst immer einen herzhaften mit Käse essen, aber jetzt, wo ich sie selbst mache, kann ich alles drauftun, was ich will.

Das ist die eine gute Seite daran, dass sie immer im Bett liegt – ich kann mein eigenes Ding machen, meine eigenen Entscheidungen treffen. Wenn ich Kinder mit »normalen« Eltern sehe, tun sie mir manchmal leid. Einmal habe ich im Park einen Jungen gesehen, der so alt gewesen sein muss wie ich. Er hatte sein Skateboard unter dem Arm, und seine Mum zwang ihn, Ellbogen- und Knieschoner anzuziehen. Sie fummelte ewig an seinem Helm herum und zog ihn so fest, als wollte er gleich ins Weltall fliegen. Ich hatte das Gefühl, dass der arme Junge auf jeden Fall vom Skateboard fallen würde. Dass die ganzen Sorgen seiner Mum nur dazu führen würden, dass genau das passierte, was sie vermeiden wollte.

Sie versuchte auch immer wieder, ihm zu sagen, was er tun sollte. »Stell den Fuß weiter nach hinten. Streck die Arme aus, dann kannst du das Gleichgewicht besser halten. Geh in die Knie.«

Ich hätte am liebsten geschrien: »Lassen Sie ihn in Ruhe, Lady! Lassen Sie ihn runterfallen!« Aber natürlich habe ich das nicht getan.

Jedes Mal, wenn er wackelte, keuchte oder kreischte sie auf. Und irgendwann ließ sie ihn nicht mehr den Hügel hinunterfahren. Welchen Sinn hatte es, mit ihm zum Skateboardfahren in den Park zu gehen, wenn sie ihn dann nicht den Hügel hinunterfahren ließ?!

Meiner Mum wäre es egal, welchen Hügel ich hinunterfahre. Wobei sie momentan nicht mal mit mir in den Park gehen würde.

Als ich ihr später drei Pancakes hochbringe, liegt sie mit geschlossenen Augen im Bett.

»Pancakes!«, flüstere ich und stelle sie auf ihrem Nachttisch ab.

Sie sieht sich um, als wäre ich gar nicht da. Dann erst scheint sie mich richtig wahrzunehmen und fragt: »Gehst du heute zu deinem Dad?«

»Ja, sie fahren nächstes Wochenende weg, also gehe ich stattdessen heute hin. Heute Nachmittag.«

»Warum nicht schon heute Morgen?«, fragt sie. An ihrem Tonfall erkenne ich, dass sie in einer ihrer Schlechte-Laune-Phasen ist. So ist das öfter an den Wochenenden, an denen ich bei Dad bin.

»Wollte er dich heute Morgen nicht haben?«, faucht sie.

»Scadge hat Geburtstag«, murmle ich.

»Ach, tatsächlich?«, höhnt sie, und ich spüre, wie sich ihre Wut auf Dad jetzt auch auf mich überträgt. »Ich wette, du kannst es kaum erwarten. Geh nur und verbringe einen *perfekten* Tag in seinem *perfekten* Haus mit seiner *perfekten* kleinen Familie. Hauptsache, weg von deiner kranken Mum!«

»Mum, du weißt, dass ich lieber hier bei dir bin, aber ich muss hin.«

»*MUSST!* Ha!«

Ich atme tief ein und gehe aus dem Zimmer. Wenn sie in einer dieser Phasen steckt, hat es keinen Sinn, mit ihr zu reden, denn dann wird sie nur noch wütender.

Einmal hat sie mich angeschrien, hat mir vorgeworfen, ich würde sie hassen und es vermeiden, bei ihr zu sein. Es war schrecklich! Ich habe mich furchtbar schlecht gefühlt, denn sie hatte ein bisschen recht. Wie oft hatte ich mich aus ihrem Zimmer geschlichen oder war nach draußen gegangen, um ihr Weinen nicht zu hören? Aber als ich mich entschuldigte, zog sie sich nur die Decke über den Kopf und nannte mich eine egoistische kleine Ratte. Das werde ich nie vergessen – wie sie mir diese Worte entgegenzischte. *Egoistische kleine Ratte.* Es klang, als würde sie mich hassen. Seitdem gehe ich lieber, obwohl es sich schlecht anfühlt. Denn ich weiß, dass es sich noch viel schlimmer anfühlen würde, wenn ich bliebe.

In meinem Zimmer warte ich unruhig darauf, dass es halb drei wird, damit ich mich endlich auf den Weg zu Scadge machen kann. Ich packe meine Tasche, lege meinen saubersten Pyjama und die Karte hinein und suche ein paar Aufkleber für sie zusammen. Ihr gefallen bestimmt die, die nach süßen Früchten riechen, also stecke ich eine Handvoll davon ein, zusammen mit allen Einhorn-Aufklebern, die ich finden kann. Mum hat immer noch nicht bemerkt, dass mein Zimmer jetzt im Grunde ein Aufkleber-Lager mit einem schmalen Weg zum Bett ist.

Um zwei Uhr werfe ich mir die Tasche über die Schulter, rufe »Tschüs« in Richtung Mum, die nicht antwortet, schwinge mich auf Jack und fahre zu Dad. Ich bin ein bisschen zu früh dran, aber damit müssen sie klarkommen.

Ungefähr auf halbem Weg durch die Siedlung reißt mich ein kräftiger Windstoß fast vom Sitz, und ein knallrotes Blatt fliegt mir ins Gesicht. Mein Fahrrad fängt an zu schwanken, und ich habe Angst, wieder auf dem Gesicht zu landen, aber es gelingt mir, das Blatt wegzuwischen und den schlenkernden Lenker wieder unter Kontrolle zu bekommen. Ein vertrautes Kribbeln läuft meine Wirbelsäule hinunter, und in diesem Moment weiß ich, dass mein Wunsch in Erfüllung gegangen ist.

Ich trete noch schneller in die Pedale und spüre, wie mein Herz heftig klopft und die kalte Luft auf meinen Wangen brennt. Ich habe keine Ahnung, was mich vor Dads Haus erwartet, aber was immer es ist, es wird unglaublich! Vielleicht steht dort schon eine Menschenmenge oder Fernsehteams, die unbedingt einen Blick auf das Einhorn werfen wollen. Wir könnten berühmt werden. Die ersten Menschen, die jemals ein echtes Einhorn gefunden haben! Und ich kann es kaum erwarten, Scadges Gesicht zu sehen.

Als ich bei Dad vorfahre, ist mir ganz schwindelig vor Aufregung. Doch alles sieht normal aus, keine Menschenmassen oder Kameras. Ich habe schon Angst, dass mein Wunsch tatsächlich unmöglich war und nicht in Erfüllung gegangen ist, aber dann schaue ich durchs Fenster und sehe, wie Dad und Julie sich gegenseitig anschreien und wütend mit den Armen fuchteln. Ich höre Dad brüllen: »Natürlich habe ich das blöde Ding nicht gekauft! Ich weiß nicht, wo es herkommt!«

Ich lächle. Es hat geklappt!

Als ich an die Tür klopfe, höre ich Julie zischen: »Oh, perfekt, und jetzt ist Archie da! Genau das, was wir brauchen.«

Dann höre ich Schritte, und gleich darauf öffnet Dad mit einem breiten, falschen Lächeln die Tür.

»Archie! Schön, dich zu sehen, Kumpel.«

Lügner, denke ich.

»Du bist früh dran«, sagt Julie mit einem noch schlechteren falschen Lächeln auf den Lippen.

»Wo ist Scadge?«, frage ich, weil ich den beiden so schnell wie möglich entkommen will.

»SCARLETT ist im Garten«, antwortet Julie. »Um ehrlich zu sein, hatten wir einen etwas anstrengenden Tag, Archie. Sie ist ziemlich überdreht, also stachele sie nicht noch zusätzlich an, ja?«

Während ich in Richtung Gartentür gehe, fügt Dad hinzu: »Als wir vom Abenteuerspielplatz zurückgekommen sind, hat uns im Garten ein kleiner Schock erwartet. Julie und ich müssen uns überlegen, was wir damit anstellen, und wenn du in der Zwischenzeit auf die beiden aufpassen könntest, wäre das toll.«

»Klar!«, sage ich und versuche, meine Aufregung zu verbergen.

Mit zitternden Händen öffne ich die Tür und erwarte, dass mich etwas Magisches, etwas Unmögliches, etwas noch nie Dagewesenes aus den Socken haut. Beinahe rechne ich damit, dass Musik erklingt und Glitzer vom

Himmel fällt. Im Garten sehe ich zuerst Scadge, die mit einem Ausdruck völliger Verzückung auf dem Gesicht ein Lied singt. Doch als ich ihrem Blick folge, erblicke ich ein Wesen, das wie ein ganz normales kleines Shetlandpony aussieht, an dessen Kopf ganz eindeutig ein Horn aus Pappe befestigt ist. Ich nehme das Horn genauer in Augenschein und sehe, dass es mit einem Gummiband befestigt ist und in einem schiefen Winkel vom Kopf des Ponys absteht. Ich weiß nicht, ob ich lachen oder mich betrogen fühlen soll. Scadge blickt zu mir auf, und in ihren Augen leuchtet die pure Freude.

»Archie, es ist passiert!«, quietscht sie. »Mein Geburtstagswunsch ist in Erfüllung gegangen! Ist sie nicht das Allerschönste, was du je gesehen hast?!«

Und da wird mir klar, dass die Erfüllung eines Wunsches für unterschiedliche Menschen ganz unterschiedliche Dinge bedeuten kann. Dieses verkleidete Pony hier entspricht vielleicht nicht meiner Vorstellung von einem Einhorn, aber Scadge sieht das ganz offensichtlich anders. Für sie ist es real.

»Ja, das ist sie«, sage ich. »Wie heißt sie?«

»Wolkenglitzerzauber die Dritte.«

»Guter Name.«

»Ist das zu fassen?«, fragt sie.

»Nein, so richtig kann ich es nicht fassen«, sage ich, als Wolkenglitzerzauber die Dritte anscheinend nicht zum ersten Mal einen riesigen Haufen auf den perfekt geschnittenen Rasen kackt.

»Ich habe dir ja gesagt, dass es Einhörner wirklich gibt«, sagt Scadge mit ernstem Blick.

»Ich wusste gar nicht, dass Einhörner so viel kacken, du etwa?«

»Nein!«, sagt sie aufgeregt, als wären Einhorn-Äpfel das Beste auf der Welt. »Und sie strullert auch irre viel Einhorn-Pipi, was Mummy SEHR wütend macht. Aber ich LIEBE sie.«

»Willst du dich auf ihren Rücken setzen?«

»JAAA!«

Als ich Scadge hochhebe, höre ich ein lautes Klopfen und sehe Julies wütendes Gesicht am Fenster. Sie fuchtelt mit den Händen und schreit etwas. Ich winke ihr fröhlich zu und hebe Scadge auf ihr eigenes Einhorn mit Papphorn.

»Du musst jede Sekunde auskosten!«, flüstere ich in ihr kleines Ohr. »Mach in deinem Kopf ein Foto und halte es für immer fest.«

Ihre Lider schließen und öffnen sich wie die Blende einer Kamera. Ich sehe, wie sie versucht, das Bild in ihrem Gedächtnis zu speichern, und weiß, dass sie diesen Geburtstag nie vergessen wird.

»Wann immer du das Gefühl hast, dass etwas unmöglich ist, kannst du an das hier denken, okay? Und dein Foto im Kopf erinnert dich daran, dass ALLES möglich ist.«

Es macht mich stolz, dass ich Scadge diesen Moment schenken konnte.

»Halt dich gut fest!«, sage ich, und Wolkenglitzerzauber die Dritte senkt den Kopf, um an dem perfekten Rasen zu knabbern.

Da kommt Julie in ihrem makellosen weißen Kleid in den Garten gestürzt. »Archie, hol Scarlett sofort von diesem Vieh runter. Wir wissen nicht, woher es kommt. Es könnte alle möglichen Krankheiten haben!«

Shetlandponys sind eigentlich nicht dafür bekannt, viele Krankheiten zu haben, aber Julie sieht so wütend aus, dass ich beschließe, den Mund zu halten. Und dann übersieht sie auch noch den neuesten dampfenden Haufen von Wolkenglitzerzauber der Dritten, rutscht darauf aus und landet auf dem Hintern.

»Das war definitiv der beste Wunsch aller Zeiten …«, flüstere ich Scadge kichernd zu, und sie schlingt zustimmend ihre kleinen Arme um meinen Hals.

Elf

Egal, was dir im Leben passiert, am Ende zählt nur deine Reaktion darauf.

– Lucas Bailey

Einmal hat mir eine alte Dame eine Olive zu essen gegeben, und ich habe sie ihr in die Hand zurückgespuckt.

– Archie Crumb

»Es war also gar kein *echtes* Einhorn«, sagt Maus, als ich ihr nach dem Abendessen am Sonntag davon erzähle. Wir sitzen mit Flump in unserer Mitte auf ihrem Bett und wollen uns gleich das Spiel von gestern ansehen.

»Nein, nicht im *eigentlichen* Sinn, aber für Scadge war es vollkommen echt, und deswegen ist mein Wunsch irgendwie doch in Erfüllung gegangen. Du hättest die Gesichter von Dad und Julie sehen sollen. Es war zum Totlachen.«

»Was machen sie denn jetzt mit dem Pony?«

»Julie hat bei allen Bauernhöfen in der Gegend angerufen, aber keiner hat ein Pony vermisst! Es war großartig, sie hat immer wieder gesagt: ›Also, es kann ja nicht wie von Zauberhand aus dem Nichts aufgetaucht sein.‹ Am liebsten hätte ich ihr gesagt, dass es wahrscheinlich genau so passiert ist! Schließlich hat sie ein Tierheim gefunden, das es morgen abholt. Die Frau war sehr nett und sagte, dass Scadge es besuchen kann, wann immer sie will.«

»Das ist ja alles schön und gut, Archie. Aber ich bin immer noch nicht davon überzeugt, dass das irgendetwas beweist.«

»Wie soll es denn sonst dorthin gekommen sein?«, frage ich ein bisschen zu laut für Flump, die sich schnell unter meinem Knie versteckt.

»Ich weiß es nicht! Vielleicht hat sich irgendwer aus Julies Familie einen Scherz erlaubt? Vielleicht ist es aus einem anderen Garten ausgebüxt und bei deinem Dad gelandet?«

»Ach, und dabei hatte es zufällig ein Horn auf dem Kopf?«

»Ich bin sicher, dass, während wir hier sprechen, gerade unzählige arme Ponys als Einhörner verkleidet werden. Das ist noch kein Beweis dafür, dass deine Wünsche in Erfüllung gehen.«

»Also, ich glaube daran!«, sage ich. Aber eine leise Stimme in meinem Kopf fragt sofort, ob ich das wirklich tue. Maus schafft es irgendwie immer, dass ich meine Ansichten hinterfrage. Ich verstehe genau, warum sie später mal Anwältin werden will. Sie kann über ALLES diskutieren. Wenn sie mich davon überzeugen wollte, dass ich nicht Archie Crumb heiße, wäre sie dazu sicher in der Lage.

»Gehen wir mal davon aus, dass es stimmt. Dann heißt das, du hast nur noch vier Wünsche übrig. Ich glaube, ab jetzt musst du wirklich aufpassen, wie du deine letzten Wünsche formulierst. Bisher ist es zu oft passiert, dass du dir etwas Bestimmtes gewünscht und etwas ganz anderes bekommen hast. Ein Einhorn und ein Pony mit einem Horn aus Pappe sind zwei völlig verschiedene Dinge.«

»Nicht für Scadge«, wende ich ein.

»Ja, aber du weißt ja, was man sagt: Pass auf, was du dir wünschst!«

»Also, was den B-B-Wunsch angeht, war ich ziemlich gut. Warte nur bis Montag. Ich glaube nicht, dass sie noch lange gemein zu uns sein werden.«

»Ach, genau! Was hast du dir denn eigentlich gewünscht?«

»Rache!«, sage ich mit einem lauten, gespielt fiesen Lachen.

»Aber was waren deine genauen Worte, Archie?«

»Dass die Leute zur Abwechslung mal über sie lachen sollen, oder dass sie erfahren, wie es ist, ausgelacht zu werden, oder … Ach, ich kann mich nicht erinnern. Aber es wird gut, versprochen.«

Während ich mit einer warmen Tupperdose voller Lasagne im Rucksack auf Jack nach Hause radle, denke ich über meinen nächsten Wunsch nach. Ich glaube, ich sollte dieses Mal warten, bis ich mir wirklich sicher bin, was ich will. Maus hat recht, die Formulierung der Wünsche ist superwichtig. Vielleicht hätte die Sache mit dem Einhorn funktioniert, wenn ich gesagt hätte: »Ich wünsche mir, dass Scadge zum Geburtstag ein *echtes* Einhorn wie aus dem Märchenbuch bekommt«, anstatt: »Ich wünsche mir, dass Scadge ein Einhorn bekommt.« Das ist wirklich kompliziert. Man muss zuerst ganz genau wissen, was man möchte.

Als ich in unsere Straße einbiege, kommt mir unser Haus kalt und düster vor, so wie immer nach einem Abend bei Maus. Der muffige Geruch im Wohnzimmer wird immer stärker, und ich entdecke einen feuchten, schimmeligen Fleck, der sich an der Wand ausbreitet. Ich überlege kurz, ob ich mir ein neues Haus wünschen soll, aber eigentlich mag ich dieses hier ziemlich gerne. Es wäre nur schön, wenn es sich wieder so anfühlen würde wie früher, bevor Mum und Dad anfingen zu streiten, bevor Julie kam.

Ich habe mich hier immer warm und sicher gefühlt, wenn Mum herumhantierte oder wenn ich auf Dads Schoß Fußball schaute. Damals habe ich das Spiel nicht richtig verstanden, ich hätte nicht einmal sagen können, was Abseits ist. Ich wollte einfach nur bei Dad sein. Früher waren auch noch keine schwarzen Schimmelflecken an der Wand, und wenn ich ins Bett ging, wusste ich, dass unten immer jemand ist. Es kommt mir manchmal so vor, als ob das Haus wüsste, dass wir nicht glücklich sind.

Aber wenn ich mir wünschen würde, dass sich Mum und Dad nie getrennt hätten, würde es Scadge nicht geben, also kann ich das auch nicht machen. Manche Dinge kann man einfach nicht ganz in Ordnung bringen. Mein Blick fällt wieder auf den Schimmel an der Wand. Es gibt aber auch Dinge, die ich in Ordnung bringen kann. Dinge, die ich mir nicht wünschen muss, sondern auch ohne Magie in den Griff bekomme.

Den Rest des Abends balanciere ich schwankend auf der Rückenlehne des Sofas und schrubbe den schimmeligen Fleck mit einem seifigen Schwamm ab, bis ich ihn nicht mehr sehen kann. Als ich fertig bin, lächele ich. Es fühlt sich gut an.

Nachdem ich mich am Montagmorgen von Maus verabschiedet habe und ins Klassenzimmer komme, stellen mir Bella und Bea ein Bein. Ich stolpere über ihre Füße und schlage mit der Nase hart auf Felix Rattons Tisch auf. Blut strömt aus meinen Nasenlöchern, und die ganze Klasse schart sich um mich, um das Drama aus nächster Nähe zu beobachten. Sogar einige Kinder aus dem Flur spähen zu dem Chaos herein.

»Armer Archie Crumb«, spottet Bea und hakt sich bei Bella unter. Gemeinsam beugen sie sich über mich und grinsen gehässig.

Ich rappele mich auf und versuche dabei, so wenig Blut wie möglich auf dem Boden zu hinterlassen. Und dann spüre ich es. Ein kleiner Schauer läuft mir über den Rücken, und eines der Fenster klappert im Wind.

»Warum hilfst du ihm nicht auf, Bea? Wenn er dir doch

so leidtut.« Bella schubst Bea gespielt in meine Richtung, wobei ihre Arme immer noch untergehakt sind. Bea stolpert vorwärts und rutscht dabei auf der Blut-Pfütze aus. Mit einem spitzen Schrei stürzt sie und reißt Bella mit sich. Ich höre, wie die ganze Klasse nach Luft schnappt, und dann passiert es. Als beide auf die Knie kommen, um wieder aufzustehen, ertönt durch den mucksmäuschenstillen Raum ein für alle deutlich vernehmbares Geräusch:

PRRRRFFFFFFFFFFFFFFFFFFT.

Der lauteste Furz, den ich je gehört habe.

Nach einem Augenblick schockierter Stille explodiert die Klasse in lautes Geschrei, Gejohle und Applaus. Keiner weiß, wer von den B-Bs es gewesen ist, und es scheint auch niemanden zu interessieren. Alle zeigen auf sie und lachen sich halb tot.

Im Türrahmen sehe ich Maus. Sie zwinkert mir zu und formt mit den Lippen: »Alles in Ordnung?«

Ich nicke und zwinkere zurück. Währenddessen denken sich die anderen neue Namen für die B-Bs aus.

»Po-Tröte!«

»Arsch-Rülpser!«

»Furz-Babes!«

Bella und Bea sind knallrot geworden. Einen Moment lang sehen sie hilflos aus, als wüssten sie nicht, wie sie mit dem Spott umgehen sollen, doch dann wird Bellas Blick kalt.

»Iiih, Bea, das stinkt!«, sagt sie so laut, dass es alle hören können.

Die anderen fangen an zu schnuppern, und dann beginnt das große Stöhnen. Alle halten sich die Nase zu oder ziehen sich die T-Shirts über den Kopf. Hastig steht Bella auf, und als sie sich einen großen Schritt von Bea entfernt, erfüllt ein weiterer monumentaler Furz die Luft:

PRRRRFFFFFFFFFFFFFFFFT.

Doch dieser kam eindeutig nicht von Bea. Die Klasse wendet sich gegen Bella, wieder lachen alle hysterisch und zeigen auf sie.

»PLATZ DA! BITTE GEHT IN EURE KLASSENRÄUME. NA LOS, MACHT SCHON!« Mrs Mathers Stimme durchschneidet den Raum, und sofort zerstreut sich die Menge an der Tür.

»O mein Gott!«, ruft sie, als sie das Blut auf dem Boden sieht. »Was ist hier passiert?«

»Archie ist über meinen Fuß gestolpert und hat sich die Nase angehauen, Miss. Aber das war keine Absicht, ehrlich!«, sagt Bella sofort. »Und dann ist Bea im Blut ausgerutscht und hat gefurzt.«

Alle kichern, und Bella sieht siegessicher aus.

Ich kann die Menschen nicht innerlich ändern, denke ich seufzend.

Da schlüpft Maus ins Klassenzimmer und bringt mir etwas Klopapier für meine Nase.

»Irre«, flüstert sie.

Wir schauen beide zu den knallroten, finsteren Gesichtern der nicht mehr ganz so mächtigen B-B-Gang hinüber und kichern.

Zwölf

> Für mich ist ein Champion jemand, der trotz Schweiß und Schmerzen auch dann weitermacht, wenn niemand zuschaut.
>
> *– Lucas Bailey*

> Wenn ich vor Schmerz nass geschwitzt bin, nehme ich eine Schmerztablette und ein heißes Bad und lege mich dann aufs Ohr!
>
> *– Archie Crumb*

Zwei Tage später ist Mittwoch, der Tag, an dem das Probetraining für das Fußballturnier stattfindet. Morgens hole ich Maus ab, und sie kommt in ihrem Glückstrikot aus dem Haus.

»Ich habe ein gutes Gefühl, Archie! Vielleicht kann ich heute endlich zeigen, was ich draufhabe!«

»Ich dachte, du hättest gesagt, sie werden dich nicht nehmen, weil du das einzige Mädchen bist.«

»Ja, aber seitdem habe ich eine Rede über Geschlechtergerechtigkeit im Sport geschrieben, die ich heute bei der Schulversammlung halten werde! Mal sehen, ob sie mich danach noch übergehen können!«

»Niemand kann dich übergehen, Maus, so viel ist sicher«, sage ich, während wir die Straße hinunterfahren.

Beim Gedanken an das Probetraining werde ich ganz nervös. Gestern Abend bin ich mit einem Fußball zu der Wiese am Ende unserer Straße gegangen, um zu trainieren. Anstatt in meinem Zimmer zu sitzen und Panik zu kriegen, wollte ich etwas tun – und herausfinden, wie gut oder schlecht ich im Fußball wirklich bin.

Als ich dort ankam, probierte ich, den Ball mit den Füßen in der Luft zu halten, und zuerst klappte es ganz gut. Ich bin immer besser, wenn ich allein oder mit Maus spiele, ohne die hämischen Gesichter der anderen, die nur darauf warten, dass ich einen Fehler mache. Ich knackte sogar meine persönliche Bestleistung von vier. Aber dann schlich sich wieder eine leise Stimme in meinen Kopf.

Du bist nicht gut genug.

Du wirst es nie in die Mannschaft schaffen.

Sie lassen dich ja nicht mal in der Mittagspause mitspielen.

Bei jedem schlechten Gedanken verfehlte ich den Ball oder trat ihn viel zu hart, was die Stimmen nur noch lauter werden ließ. Am Ende hatte ich das Gefühl, im Fußball noch schlechter geworden zu sein, falls das überhaupt möglich war.

An der Bushaltestelle halten wir an, weil Maus mir unbedingt einmal ihre komplette Rede vortragen will. Als sie berühmte Sportlerinnen aufzählt und ihre Stimme immer lauter und leidenschaftlicher wird, kommt eine kleine alte Dame mit einem Handwagen und setzt sich neben mich in das Wartehäuschen. Man sollte meinen, dass Maus das zum Schweigen bringen würde oder zumindest dazu, leiser zu reden, aber es stachelt sie nur noch mehr an, und die Dame bekommt Maus' gebündelte Energie voll ab.

»Diese Frauen, die so viel geopfert haben, um ganz an die Spitze zu kommen, haben von der jüngeren Generation mehr Anerkennung verdient.«

Die kleine alte Dame sieht mich an und lächelt. Offenbar findet sie Maus' Show großartig. Maus scheint das mitzubekommen, denn sie senkt die Stimme und weicht von ihrem Skript ab, um die Dame vollends zu überzeugen.

»Lady, Sie haben doch nicht Ihr Leben gelebt, um dann festzustellen, dass die Leute nichts dazugelernt haben, oder? Dass Frauen zwar wählen und Geld verdienen dürfen, dann aber gesagt bekommen: ›Das war's, genug ist genug, meine Damen, es gibt immer noch Dinge, die ihr einfach nicht machen könnt. Denn Männer sind besser als ihr. Sie sind stärker als ihr. Ihr solltet besser wissen, wo ihr hingehört.‹«

Die alte Dame holt ein Päckchen Datteln aus dem Handwagen und bietet mir eine an. Ich denke an den Oliven-Vorfall und lehne ab.

Maus fährt währenddessen unbeirrt fort: »Ich für meinen Teil habe es satt! Mädchen müssen gefeiert, gefördert und ermutigt werden, sich zu engagieren. So etwas wie Mädchensport oder Jungensport gibt es nicht. Wir müssen diese überholten Vorstellungen ablegen, die uns das Bildungswesen auch heute noch vorschreibt. LASST UNS SPIELEN!!!«

Die alte Dame und ich fangen an zu klatschen.

»Gut gemacht, Liebes«, sagt die Dame. »Das war sehr schön. Ist das für das Schultheater?«

In der Schulversammlung gibt Maus alles. Ihre Rede ist fantastisch, und am Ende stampft die gesamte Schule mit den Füßen. Besonders die Mädchen applaudieren laut und begeistert. Maus verbeugt sich übertrieben, aber als sie von der Bühne kommt, kann ich sehen, dass sie nicht glücklich ist.

»Wo ist Mr Fell?«, flüstert sie, als sie sich neben mich zwängt. »Hat er meine Rede gehört?«

Ich blicke mich um und stelle fest, dass die einzige Lehrerin in der Aula Miss Crowther ist, eine winzige Frau, die flüsterleise spricht und die Vorschulklasse unterrichtet. Sie ist zu sehr mit ihrem iPad beschäftigt, um etwas von der Rede mitbekommen zu haben.

Ich merke, wie aufgebracht Maus ist, und möchte etwas für sie tun. »Ich könnte einfach …«

Doch sie unterbricht mich. »Nein! Archie, das ist Betrug. Ich will an diesem Turnier teilnehmen, weil ich gut Fußball spiele. Versprich mir, dass du dir nichts dazu wünschst – für keinen von uns. Versprochen?«

»Okay, ich verspreche es«, sage ich niedergeschlagen.

Beim Probetraining nach der Schule werden wir in Fünfergruppen eingeteilt, und Mr Fell sagt: »Ihr spielt alle mindestens drei kurze Matches, damit ihr mir zeigen könnt, was ihr draufhabt. Am Ende des Trainings stelle ich dann eine Liste mit sieben Spielern und zwei Ersatzspielern zusammen.«

Eine Menge Kinder sind gekommen, um zuzuschauen. Bella und Bea sind auch da. Bella sitzt an einem Ende des Spielfelds und Bea am anderen. Seit der Sache mit den Fürzen haben sie nicht mehr miteinander gesprochen.

Ich blicke mich zu Jayden Thomas, Kit Parsons und Sol Redfern um, die sich gerade aufwärmen. Sie hüpfen auf und ab, wie richtige Fußballer. Ich versuche auch zu hüpfen, komme mir aber sofort lächerlich vor. Wahrscheinlich sehe ich aus, als hätte ich so was wie einen epileptischen Anfall, also höre ich wieder auf. Maus dehnt ihre Beine genauso professionell wie die Jungs und sieht total super aus in ihrem Trikot.

Gerade als ich darüber nachdenke abzuhauen, tippt mir Mr Fell auf die Schulter und sagt: »Archie, du bist eine Fünf. Okay, alle Einser versammeln sich dort drüben, Zweier da, Dreier dort, Vierer beim Tor, und die Fünfer bleiben hier. Das sind eure Teams. Ihr habt fünf Minuten Zeit, um euch aufzuwärmen und zu entscheiden, wer wo spielt.«

Sofort weiß ich, dass ich im Tor landen werde. Niemand will ins Tor. Es macht keinen Spaß, Torwart zu sein wenn du gewinnst, geht niemand davon aus, dass es an dir lag, und wenn du verlierst, ist es immer deine Schuld. Noch während ich das denke, sieht mich Kit Parsons an und sagt: »Du bist im Tor, okay?«

Maus steckt mit ihrem Team die Köpfe zusammen. Sie ist mit Jayden Thomas in einer Mannschaft, der gerade auf die anderen einredet. Jayden ist ziemlich fies, und ich kann sehen, dass Maus sich nicht gerade darüber freut, in seinem Team zu sein. Er ist Ehrenmitglied in der B-B-Gang, seit er mit Bella geht. Ich weiß ehrlich gesagt nicht, was »miteinander gehen« überhaupt bedeutet. Ich glaube nicht, dass die beiden jemals irgendwohin »gehen«. Sie schubsen sich immer nur gegenseitig über den Pausenhof und lachen dann andere Kinder aus. Gestern hat Bella Jayden im Speisesaal direkt in mich und Maus geschubst und dann gerufen: »Du hast sie berührt! Das bedeutet, dass du mich eine Woche lang nicht anfassen darfst!« Dann rannte sie kichernd davon.

In diesem Moment pfeift Mr Fell, und die Spiele beginnen.

Nach zwei Matches hat mein Team eins gewonnen und eins verloren. Ich habe ein paar Tore kassiert, aber bisher habe ich mich noch nicht völlig blamiert. Stattdessen konzentriere ich mich darauf, die anderen aus meiner Mannschaft anzufeuern, so wie ich es bei den Torhütern im Fernsehen gesehen habe. Dabei fallen mir die ganzen Zitate von meinen Aufklebern ein.

»Glaub an dich, Kit! Du kannst es schaffen!«

»Versucht es weiter! Gebt nicht auf!«

»Nur gemeinsam könnt ihr siegen!«

Ich bin mir nicht sicher, ob mein Geschrei hilft, aber wir schlagen uns nicht schlecht, und niemand sagt mir, ich solle den Mund halten. Außerdem fühle ich mich dadurch ein bisschen nützlich und habe nicht so ein schlechtes Gewissen wegen der Tore, die ich reingelassen habe. Am Ende jedes Spiels kommen wir zusammen und klopfen uns gegenseitig auf die Schultern. Ich denke an all die Interviews mit dem Trainer der Valley Rovers nach den Spielen, die ich gesehen habe, und versuche, ihn nachzumachen.

»Wir schlagen uns gut. Ich glaube wirklich, dass ihr es alle ins Team schaffen könnt, wenn ihr euch weiter so anstrengt wie bisher. Wir haben nur noch ein Spiel vor uns, und Mr Fell schaut zu. Macht was draus.«

Meine motivierenden Worte scheinen zu helfen, denn sie klopfen sich alle noch fester auf die Schultern und rufen: »Ja! Auf geht's! Wir können das schaffen!«

Unser letztes Spiel ist gegen die Mannschaft von Maus. Als sie auf das Spielfeld kommt, sieht sie aus, als hätte sie die Nase voll, und murmelt mir zu: »Jayden Thomas hat den anderen gesagt, sie sollen mir den Ball nicht zuspielen.«

Ich habe keine Zeit zu antworten, denn in diesem Augenblick beginnt das Spiel. Als der Pfiff ertönt, schnappt sich Kit sofort den Ball und erzielt ein Tor. Kurz vor der letzten Spielminute steht es 5:4 für uns, und Maus ist richtig sauer. Keiner in ihrer Mannschaft scheint sie zu bemerken. Sie steht dauernd frei, aber ihre Mitspieler ignorieren sie einfach. Ich glaube, sie hat bisher keinen einzigen Ballkontakt gehabt. Mr Fell schaut auf seine Uhr und wird gleich abpfeifen.

Ich will wirklich, dass Maus in die Mannschaft kommt. Sie sieht so traurig aus, und das Ganze ist so ungerecht. Und dann passiert es. Als ihr Torwart den letzten Abstoß des Spiels ausführt, misslingt ihm der Schuss, und der Ball rollt auf Maus zu. *Das ist mein Stichwort*, denke ich. Ich weiß, dass ich ein Versprechen gegeben habe, aber es fühlt sich zu wichtig an. Ich *muss* mir wünschen, dass Maus es in die Mannschaft schafft, sie hat es so sehr verdient. Also versuche ich, mir Maus beim Turnier vorzustellen, aber irgendwie habe ich ständig ein anderes Bild im Kopf: Ich sehe mich, wie ich mit dem Pokal in der Hand neben Lucas Bailey stehe. Ich schüttle den Kopf und versuche, das richtige Bild heraufzubeschwören, aber immer wieder taucht mein triumphierend grinsendes Gesicht auf. Währenddessen kommt Maus immer weiter auf mich zu. Als sie den Ball aufs Tor kicken will, spreche ich meinen Wunsch laut aus, aber anstatt zu sagen: »Ich wünsche mir, dass *Maus* bei dem Turnier mitspielt«, sage ich: »Ich wünsche mir, dass *ich* bei dem Turnier mitspiele.«

Mir bleibt keine Zeit, meinen Versprecher zu bereuen, denn plötzlich passieren gefühlt hundert Dinge gleichzeitig. Als Maus' Fuß den Ball berührt, kommt ein gewaltiger Windstoß auf und wirft sie aus dem Gleichgewicht. Sie kickt den Ball versehentlich hoch in die Luft und landet unter dem Gekicher der Zuschauer hart auf dem Hintern. Der Ball fliegt zu Jayden Thomas, der ihn mit ein paar raffinierten Bewegungen in meine Richtung schießt. Dann sehe ich plötzlich alles in Zeitlupe. Der Ball hält auf die rechte obere Ecke des Tors zu, und mit einer ungewohnten Sicherheit weiß ich, dass ich ihn noch rechtzeitig erreichen kann. Ich stoße mich vom Boden ab, mache mich richtig lang und komme mir vor wie ein Profi. Die Spitzen meiner Handschuhe berühren den Ball und lupfen ihn über die Latte. Das ist die beste Parade, die ich je in meinem Leben zustande gebracht habe. Im gleichen Moment ertönt der Schlusspfiff, und meine Mitspieler kommen auf mich zugerannt, um mir zu gratulieren.

Ich fühle mich großartig, doch dann erblicke ich Maus hinter ihnen, die mich finster ansieht und den Kopf schüttelt. Sie weiß es. Sie weiß, dass ich nur durch meine Wünsche ein solches Tor verhindern konnte. In all den Jahren, in denen wir in ihrem Garten Elfmeter geübt haben, habe ich mich kein einziges Mal so bewegt wie gerade eben. Papp-Einhörner und Eiswagen sind schön und gut, aber dass ich für den Bruchteil einer Sekunde gut im Fußball bin, reicht aus, um Maus davon zu überzeugen, dass dies kein Zufall ist und meine Wünsche echt sind. Ich denke an das Versprechen zurück, das ich ihr heute Vormittag gegeben habe. Was habe ich nur getan?

Als Mr Fell vorliest, welche Spieler er für die Schulmannschaft ausgewählt hat, spüre ich die ganze Zeit ihren Blick auf mir. Natürlich stehen Kit, Jayden und Dan

Dore alle auf der Liste. Sie haben bisher immer in der Schulmannschaft gespielt. Dann kommt Mr Fell zu den Ersatzspielern.

»Erster Ersatzmann ist Brendan, der heute brillant verteidigt hat.« Ich atme erleichtert auf. Vielleicht hat dieser Wunsch nicht funktioniert. Vielleicht wird er meinen Namen nicht nennen. »Den zweiten Ersatzspieler habe ich nicht nur wegen seiner erstaunlichen Parade in letzter Minute, sondern auch wegen seines Teamgeists und seiner positiven Einstellung ausgewählt. Es ist …« *Sagen Sie es nicht, bitte sagen Sie es nicht.* »Archie Crumb!«

Sofort schaue ich zu Maus hinüber, doch ich sehe nur noch ihren Rücken, während sie in ihrem Glückstrikot davonstapft.

Das wird sie mir nie verzeihen.

Dreizehn

Du besitzt die Fähigkeit, unglaublich zu sein, genau so, wie du bist.

– Lucas Bailey

Meine Hose ist zu klein, und ich trage ein T-Shirt mit Ravioli-Soße drauf – genau so bin ich eben.

– Archie Crumb

»Es war ein Versehen!«, rufe ich und versuche, an Maus dranzubleiben, die vor Wut kochend vor mir über das Kopfsteinpflaster stürmt. Sie hat sich nicht ein einziges Mal umgedreht, und ich kann kaum mit ihr Schritt halten.

»Ich wollte das nicht, ehrlich!«, versuche ich es noch einmal. »Ich wollte mir wünschen, dass *du* ins Team kommst, aber es kam falsch raus.«

Plötzlich bleibt sie stehen, dreht sich um und läuft auf mich zu. Als ich ihr wütendes Gesicht sehe, bereue ich es beinahe, ihr gefolgt zu sein.

»Verstehe ich das richtig, Archie? Anstatt zu sagen: ›Ich wünsche mir, dass *Maus* ins Team kommt, weil sie es TOTAL VERDIENT hat‹, hast du gesagt: ›Ich wünsche mir, dass *ich* ins Team komme, obwohl ich im Fußball eine TOTALE NIETE bin.‹«

»Ja!«, sage ich und bin erleichtert, dass sie mir endlich zuhört und den Irrtum verstanden hat.

Aber offenbar geht es ihr dadurch nicht besser. »Du hast doch meine Rede gehört, Archie. Du wusstest, wie wichtig mir das Turnier ist und dass ich es allein ins Team schaffen wollte. Du hast versprochen, diesmal nichts zu wünschen!«

»Ich weiß, und es tut mir leid«, murmle ich.

»Das zeigt mir, was für eine Art Freund du bist, Archie. Und ehrlich gesagt ist das nicht die Art Freund, die ich in meinem Leben haben möchte. Danke für gar nichts.«

»Es war ein Versehen!«

»Nein, Archie, das warst *du*! *Du* hast es dir vorgestellt, und *du* hast den Wunsch ausgesprochen. Denn tatsächlich hast *du* die Kontrolle über *dein* Leben.«

»Aber ich …«

»Ich weiß, dass du es nicht einfach hast, Archie. Aber du hättest dir *alles* wünschen können. Wirklich *alles*! Und du hast dich dazu entschieden, dir etwas Egoistisches zu wünschen.«

»Du hast ja keine Ahnung, wie schwer es ist, in absolut allem mies zu sein!«, entgegne ich.

Maus schnaubt, dreht sich um und stürmt weiter. »Vielleicht bist du so mies in allem, weil du dir das immer wieder einredest. Hör auf, dich selbst zu bemitleiden, Archie! Das ist langweilig.« Diese letzten Worte spuckt sie förmlich aus, und sie klingen wie etwas, das Bella zu mir sagen würde oder Mum, wenn sie einen schlechten Tag hat. Ich hätte nie gedacht, dass Maus mir jemals so ein furchtbares Gefühl geben würde.

Wut baut sich in mir auf, und als ich antworte, spreche ich nicht nur mit ihr, sondern auch mit Bella und Bea und Mum und Dad und allen, die jemals dafür gesorgt haben, dass ich mich schlecht fühle.

»Du hast leicht reden – in deinem perfekten Haus mit deinen perfekten Eltern. Vielleicht bist du ja auch keine so gute Freundin, Maus. Hast du dich jemals gefragt, wie es eigentlich für mich ist, wenn ich nach Hause gehe? Nein, weil es dich nicht wirklich interessiert. Du tust einfach so, als würde dir nicht auffallen, dass ich nicht genug Geld für Klamotten habe, die mir passen. Du fragst auch nicht mehr nach Mum. Und du hörst nicht, wenn mein Magen knurrt, weil ich Hunger habe. Vielleicht brauche ich *dich* auch nicht als Freundin!«

Inzwischen sind wir bei Maus' Haus angekommen. Sie bleibt stehen und schweigt eine Weile. Dann sagt sie mit leiser Stimme: »Ich frage nicht nach, Archie, weil ich nicht möchte, dass du dich schlecht fühlst. Aber wenn du das so siehst, können wir wohl wirklich keine Freunde mehr sein.« Damit dreht sie sich um und geht ins Haus, ohne sich noch einmal umzusehen.

Sofort ist meine ganze Wut verraucht, und mir ist übel. So sehr haben Maus und ich uns noch nie gestritten. Nur ein Mal, als wir neun waren und ich mich aus Versehen auf Flump gesetzt habe. Flump ging es gut, aber Maus wurde richtig sauer und sprach einen ganzen Tag lang nicht mit mir. Nachdem wir uns entschuldigt hatten, erklärte mir ihre Mum, dass Maus' Großvater krank sei und sie deswegen aufgewühlt gewesen war und es an mir ausgelassen hatte. Es ist schon komisch, wie schnell die Traurigkeit der Menschen manchmal in Wut auf andere Dinge umschlagen kann. Wie damals, als Mum mich eine *egoistische Ratte* nannte. Da war sie, glaube ich, wegen etwas anderem traurig, aber sicher bin ich mir nicht.

Diesmal scheint Maus jedenfalls wirklich sauer zu sein, so viel ist sicher.

Ich brauche ewig für den Nachhauseweg, und als ich vor meiner Haustür ankomme, will ich gar nicht reingehen. Manchmal fühle ich mich bei mir zu Hause noch einsamer als draußen, also gehe ich weiter.

Ich laufe zum Wartehäuschen der Bushaltestelle und setze mich auf die Bank. Doch viel besser geht es mir dort auch nicht. Ich glaube, ich fühle mich zurzeit überall einsam. Sogar bei Maus. Dort sitze ich am Tisch, esse das Curry ihrer Mum, höre zu, wie sie lachen und sich gegenseitig von ihrem Tag erzählen, und bin trotzdem außen vor. Selbst in der Klasse, wenn ich von dreißig anderen Kindern umgeben bin, die sich melden und miteinander plaudern, fühle ich mich einsam. Sie kommen mir alle so anders vor als ich.

Zu Hause zu sein und zu wissen, dass meine Mum im Bett liegt, macht mich super-einsam, und das falsche Lächeln und die Lügen meines Vaters sorgen dafür, dass ich mich auch bei ihm zu Hause allein fühle.

Durch die schmutzigen Scheiben des Wartehäuschens sehe ich eine Gruppe von Jugendlichen, die lachend einen Verkehrskegel in die Luft werfen. Ich frage mich, ob es noch jemandem auf der Welt so geht wie mir, und spüre, wie mir Hitze in die Wangen steigt und sich ein dicker Kloß in meiner Kehle bildet. Aber ich will nicht werden wie Mum, die immer wegen allem weint, also schlucke ich den Schmerz hinunter und atme tief ein.

»Archie! Dachte ich mir doch, dass du das bist.«

Ich schaue auf. Es ist Julie in ihren rosa Laufklamotten. Sie joggt ein paar Meter entfernt auf der Stelle und sieht mich an. Weil der Kloß in meinem Hals noch nicht ganz weg ist, traue ich mich nicht zu sprechen, also lächle ich nur ein wenig.

»Wartest du auf den Bus?«, fragt sie joggend.

»Nein«, murmle ich.

Ich merke, dass sie nicht weiß, was sie jetzt sagen soll, und erwarte das Seufz-Lach-Geräusch, das bestimmt noch komischer als sonst klingen wird, weil sie joggt.

Doch stattdessen sagt sie: »Okay, dann bis bald, Archie«, winkt kurz und joggt weiter.

»Viel Spaß im Wohnwagen«, murmle ich und bereue es direkt, denn sofort kehrt der Kloß in meinem Hals zurück.

Julie wird langsamer und dreht sich wieder zu mir um.

»Weiß deine Mum, dass du allein hier draußen bist?«, fragt sie.

»Ich bin doch kein Baby mehr«, sage ich halblaut.

»Ich weiß. Tut mir leid. Du siehst einfach so …«

»Mir geht's gut. Viel Spaß beim Laufen.«

»Na gut, wenn wirklich alles okay ist?«

Ich nicke, sehe sie aber nicht mehr an, bis ich höre, wie sie seufzt und weiterjoggt. Dann bin ich wieder allein, ohne Freunde, ohne eine Familie, die sich um mich schert, und mit einem dicken Kloß im Hals.

Vierzehn

Setz dir hohe Ziele. Vielleicht erreichst du ja sogar den Mond.

– Lucas Bailey

Als ich das letzte Mal einen Elfmeter geschossen habe, bin ich über den Ball gestolpert, und er ist nicht mal ins Netz geflogen, geschweige denn auf den Mond!

– Archie Crumb

Seit Maus mich ignoriert, ist es in der Schule noch schlimmer als sonst, und das Wochenende scheint sich ewig hinzuziehen.

Nachdem ich meinen Wunschzettel aktualisiert habe:

ARCHIE CRUMBS WUNSCHZETTEL

1. Eine Xbox & Pizza
2. Die größte Aufkleber-Sammlung der Welt
3. Einen Eiswagen
4. Rache an der B-B-Gang
5. Ein Einhorn für Scadge
6. Für das Fußballturnier ausgewählt werden

7.
8.
9.

beschließe ich, den Berg von Stickern in Angriff zu nehmen, und verbringe den ganzen Sonntag damit, meine Aufkleber in Kategorien zu sortieren.

TIERE
FUSSBALL
DISNEY
MIT GERUCH
3-D
MARVEL

Ich habe keine Ahnung, wie ich die Aufkleber ohne Maus verkaufen soll. Vielleicht hat sie recht, und der Grund dafür, dass ich in allem mies bin, ist wirklich, dass ich es mir ständig selbst einrede. Vielleicht muss ich anfangen, meine Sichtweise etwas zu ändern.

»Ich könnte selbst eine Menge Aufkleber verkaufen«, sage ich laut, merke aber gleich, dass ich mir nicht glaube. Trotzdem probiere ich ein paar weitere positive Sätze aus:

»Ich bin gut im Fußball.«

»Ich kann gut malen.«

»Ich bin gut in Mathe.«

Einen Moment halte ich inne und denke über Maus nach.

»Ich bin ein guter Freund.«

Kurz entschlossen nehme ich einen Lucas-Aufkleber und sage zu ihm: »Ich *bin* ein guter Freund, Lucas. Okay, vielleicht bisher noch nicht, aber ich will es werden, und das ist doch die Hauptsache, oder?«

Er sieht mich nur an, mit seinem freundlichen, amüsierten Blick, und ich weiß, was er mir sagen würde, wenn er jetzt vor mir stünde. Dass ich nicht nur herumsitzen und warten soll, sondern etwas *tun* muss.

Ich springe auf und gehe raus zu Jack. Ich muss zu Maus und die Sache in Ordnung bringen – und dazu ist vielleicht mehr nötig als ein Wunsch.

»KRAAAAH, KRAAAAAH!«, krächze ich schon zum fünften Mal. Aber Maus' Fenster bleibt geschlossen. Gerade als ich aufgeben will, geht die Haustür auf. Es ist Zoe.

»Ich fürchte, sie wird nicht rauskommen, Archie. Egal, wie sehr du krächzt.«

»Okay. Tut mir leid«, sage ich. »Dann fahre ich nach Hause.«

Sie tritt aus der Haustür. »Was ist denn zwischen euch beiden vorgefallen?«

»Ich habe etwas Dummes getan«, murmle ich.

Sie nickt, schaut aber freundlich. »Ich würde mich freuen, wenn ihr euch wieder vertragt. Jasmin hat eine harte Schale, Arch, aber tief im Inneren sitzt ein weicher Kern. Sie braucht dich genauso sehr, wie du sie brauchst, weißt du?«

»Ich weiß«, sage ich und schlucke schwer.

Was, wenn ich mit meinen doofen Wünschen und meiner großen Klappe die einzige Freundschaft kaputt gemacht habe, die ich je hatte? Was, wenn Maus nie wieder mit mir spricht und ich am Ende allein und traurig bin und den ganzen Tag weinend im Bett verbringe?

»Versuch es morgen noch mal«, sagt Zoe sanft, »wenn sie sich ein wenig beruhigt hat. Dann kannst du ihr sagen, dass es dir leidtut.«

Unfähig zu sprechen, nicke ich und wende Jack.

»Warte mal, Arch«, sagt Zoe. »Da ist noch etwas anderes, worüber ich mit dir sprechen will.«

Aber ich warte nicht. Ich tue so, als hätte ich sie nicht gehört, und fahre los.

Zu Hause setze ich mich mit einer Dose Ravioli aufs Sofa und bemitleide mich selbst. Ich stelle mir vor, wie Dad, Julie und Scadge im Wohnwagen ein tolles Wochenende miteinander verbringen, und fühle mich schlecht. Ich stelle mir mein Leben ohne Maus vor und tue mir leid. Ich stelle mir vor, wie ich für den Rest meines Lebens in diesem schmutzigen Haus mit meiner im Bett liegenden Mum festsitze, und tue mir NOCH MEHR leid.

Ich denke auch über meinen Streit mit Maus nach, über all die Dinge, die wir zueinander gesagt haben. Und zum ersten Mal frage ich mich, ob es tatsächlich besser wäre, wenn wir unsere Freundschaft beenden würden. Vielleicht habe ich ja wirklich alles ernst gemeint, was ich gesagt habe. Maus wird nie wissen, wie schwierig mein

Leben gerade ist. Wie sollte sie auch? Ihr Leben ist so anders als meins. Ich brauche jemanden, der mir ein bisschen ähnlicher ist.

Vielleicht ist es das!

Ich muss mich doch nicht einsam fühlen, oder? Ich brauche weder Maus noch Dad noch Julie oder Scadge oder Mum. Mit meinen Wünschen kann ich zwar niemanden innerlich verändern, aber vielleicht könnte ich jemanden ganz Neues herbeizaubern. Jemanden, der so ist wie ich, der mich versteht. Einen echten besten Freund.

Je länger ich darüber nachdenke, desto besser finde ich diese Idee. Aber diesmal muss ich gut aufpassen, damit ich die richtigen Worte wähle. Ich sitze ein paar Minuten lang schweigend da und plane, was ich sagen will, dann schließe ich die Augen.

»ICH WÜNSCHE MIR, DASS ICH JEMANDEN TREFFE, DER SO IST WIE ICH. EINEN ANDEREN ARCHIE CRUMB.«

Irgendwie hatte ich erwartet, dass es mir nach dem Wunsch besser gehen würde, aber als ich die Augen öffne, ist das schlechte Gefühl nicht verschwunden. Ich hole Sticker-Lucas aus meiner Tasche.

»Lucas, ich weiß, ich kann es mir nicht wünschen, aber gibt es nicht eine andere Möglichkeit, mich innerlich zu verändern?« Ich sehe ihn eine Minute lang an und denke darüber nach. »Es *muss* doch eine geben, sonst wären alle, die jemals traurig waren, für immer traurig.«

In Gedanken versunken stecke ich eine Hand in meine

Tasche und spüre eine Aufkleber-Verpackung. Ich hole sie heraus, und da ist sie, Lucas' Antwort auf meine Frage: MAN KANN NICHT IMMER NACH GLÜCK STREBEN, ABER MAN KANN NACH HOFFNUNG STREBEN.

Ich stelle die Nudeln weg und denke über diesen Satz nach. Vielleicht hat Lucas recht. Ich kann mir zwar gerade definitiv nicht vorstellen, glücklich zu sein, aber vielleicht kann ich versuchen, meine Traurigkeit in Hoffnung zu verwandeln. Wenn ich das schaffe, bin ich wirklich ein Magier.

Ich sammle meine traurigen Gedanken – den Ausflug im Wohnwagen, Mum im Bett, Maus' verletztes und wütendes Gesicht – und versuche, sie durch etwas anderes zu ersetzen. Durch Dinge, die mich glücklich machen und mir Hoffnung geben. Ich denke an Maus, wie sie kichernd und mit Schokoladensoße bekleckert auf dem Boden des Eiswagens liegt. Ich denke an Scadges verzückten Blick, als sie ihr Einhorn streichelt. Ich denke an Lucas Bailey und die Fans der Valley Rovers, die jedes Mal ausflippen, wenn er ein Siegtor schießt. Und tatsächlich – es beginnt zu wirken. Ich schaffe es, dass die Gedanken, die mich traurig machen, verblassen und die, die mir Hoffnung geben, lebendiger werden. Als würde ich in meinem Kopf ein Bild von all den Dingen malen, die ich sehen möchte, und alles wegradieren, was ich nicht haben will.

Es kommt mir vor wie Magie, als das traurige Gefühl in meinem Magen beinahe verschwindet. Als könnte ich meine Wünsche selbst wahr werden lassen.

Fünfzehn

Wenn dich jemand böse ansieht, schenke ihm ein Lächeln.

– Lucas Bailey

Ich habe das mal bei Bella ausprobiert, als sie mich böse angeschaut hat, und sie hat mich einen grinsenden Idioten genannt.

– Archie Crumb

Am nächsten Morgen warte ich den ganzen Schulweg lang auf einen Windstoß, ein Kribbeln und einen Jungen, der auf die Straße tritt und mit mir gemeinsam zur Schule geht. Jemand, der mich versteht, ohne dass ich etwas sagen muss. Jemand, der über dieselben Witze lacht und auch Aufkleber sammelt.

Ich gehe trotzdem bei Maus vorbei, nur für den Fall, dass sie mir verziehen hat und alles wieder normal ist. Doch die Tür bleibt geschlossen, und als ich zum zweiten Mal unser Geräusch mache, öffnet sich das Fenster nebenan, und der mürrische Mann streckt seinen Kopf heraus.

»Ich habe dir doch schon mal gesagt, dass du mit dem

verflixten Lärm aufhören sollst. Sie ist sowieso schon weg, also kannst du verdammt noch mal auch verschwinden.«

Langsam schlurfe ich weiter und halte am Wartehäuschen und auf dem Spielplatz nach Maus Ausschau, kann sie aber nirgends entdecken.

An diesem Morgen schreiben wir wieder einen Mathe-Test, und ich weiß auf keine einzige Frage eine Antwort. Mir wird ganz heiß, als wir unsere Antwortbögen vorne abgeben, und ich muss wieder an Maus' Theorie denken. Wenn ich wirklich nur deshalb in allem schlecht bin, weil ich es mir selbst einrede, was ist dann hiermit? Ich glaube, ich könnte mir den ganzen Tag lang einreden, dass ich ein Mathe-Genie bin, und würde trotzdem null von zwanzig Punkten bekommen. Denn ich bin mir ziemlich sicher, dass auch die positivsten Gedanken nichts daran ändern würden, und ich werde ganz sicher keinen Wunsch für eine bessere Mathe-Note verschwenden!

Nach der Frühstückspause kommt Mrs Mather herein und klatscht in die Hände. Da spüre ich es – ein leichtes Kribbeln, das mir den Rücken hinunterläuft. Ich schaue aus dem Fenster und sehe, wie die Blätter auf dem Pausenhof herumgewirbelt werden, und da weiß ich, dass es gleich geschehen wird.

»Alle mal herhören! Seid bitte leise.« Mrs Mather wartet, bis sich alle beruhigt haben, und redet dann weiter. »Wir bekommen heute einen neuen Schüler in die Klasse.« Dann sieht sie mich direkt an. »Es ist wirklich ein bemerkenswerter Zufall, denn unser neuer Schüler hat DENSELBEN NAMEN wie einer von euch!«

Mein Magen rutscht gefühlt drei Etagen tiefer, und ich habe das Gefühl, als würde mein Gesicht in Flammen stehen. So war das doch nicht gemeint! Ich erinnere mich an meinen Wunsch: *Ich wünsche mir, dass ich jemanden treffe, der so ist wie ich, einen anderen Archie Crumb.*

O nein!

Mrs Mather fährt fort: »Er hat sogar denselben Geburtstag!«

Ich rutsche unruhig auf meinem Stuhl nach vorne und frage mich, ob gleich mein lange verschollener eineiiger Zwilling vor mir auftauchen wird, ein weiterer dünner Junge mit schiefem Haarschnitt und einer Hose, die nicht passt. Mrs Mather lächelt. »Ich möchte, dass ihr alle dafür sorgt, dass er sich sehr willkommen fühlt. Darf ich vorstellen: Archie Crumb!«

Bei diesen Worten kichern alle und drehen sich zu mir um. Dann kommt Mrs Jain mit einem groß gewachsenen Jungen herein, der viel älter aussieht als wir anderen. Seine Arme sind muskulös, und ich meine sogar einen leichten Schatten über seiner Oberlippe erkennen zu können. Vielleicht hat dieser Junge meinen Namen und dasselbe Geburtstagsdatum, aber abgesehen davon ist er überhaupt nicht wie ich. Ich starre ihn an, als er uns allen lässig zuwinkt.

Dann sagt Mrs Mather: »Nun, Archie, da es in der Klasse einen weiteren Archie Crumb gibt, solltest du dich vielleicht neben ihn setzen. Ihr wollt euch sicher kennenlernen.«

Sie zeigt auf mich, und der andere Archie Crumb kommt zu mir herüber.

»Hi«, piepse ich ihm zu.

»Hallo«, erwidert er mit tiefer, selbstbewusster Stimme und setzt sich neben mich.

Der andere Archie Crumb scheint nicht besonders schockiert davon zu sein, dass bereits eine kleinere, blassere und dünnere Ausgabe von ihm im Klassenzimmer sitzt. Ich schätze, sie haben ihm bereits von mir erzählt.

»Dein Geburtstag ist also auch der 27. Januar?«, frage ich und versuche ebenfalls etwas tiefer zu sprechen, aber ich rede viel zu leise und klinge irgendwie, als würde ich einen alten Mann imitieren.

»Ja, das ist ganz schön verrückt, oder?« Der andere Archie Crumb hat einen Akzent, den ich noch nie gehört habe.

»Wo hast du vorher gewohnt?«, flüstere ich, während Mrs Mather die Anwesenheitsliste durchgeht.

»Birmingham«, flüstert er, »aber Mum hat ihren Job verloren, und deshalb haben wir beschlossen umzuziehen.«

Seine Mum hat also auch ihren Job verloren – genau wie meine! Doch bevor ich ihm noch mehr Fragen stellen kann, höre ich Mrs Mather unseren Namen rufen. Wir sagen beide gleichzeitig Ja, und alle lachen. Vielleicht ist der andere Archie Crumb genau das, was ich gebraucht habe. Jemand, der so ist wie ich – nur größer, cooler und stärker. Vielleicht kann er mich beschützen, wie ein persönlicher Leibwächter.

Als es zur Mittagspause klingelt, bittet mich Mrs Mather, Archie herumzuführen und ihm alles zu zeigen.

»Von einem Archie Crumb zum anderen«, sagt sie und lacht.

Ich stelle mir vor, wie sie abends ihrer Familie erzählt, dass heute eine größere, bessere Ausgabe von einem ihrer Schüler in der Schule eingetroffen ist, und bin mir plötzlich nicht mehr sicher, ob ein neuer Archie Crumb gut für mich ist. Bestimmt werden sie über mich lachen und sagen: »Armer kleiner Archie Crumb.«

»Lass uns was essen, Arch. Ich bin am Verhungern«, sagt der andere Archie. Dann klopft er mir so fest auf den Rücken, dass ich fast vornüberfliege. Er ist wirklich riesig.

Beim Mittagessen muss ich immer wieder auf seine Oberlippe starren und frage mich, ob sein Bart weich oder stachelig ist. Alle im Speisesaal glotzen uns an. Ein paar Mädchen am Nebentisch tuscheln aufgeregt und zeigen ständig auf den anderen Archie, aber nicht auf eine gemeine Art. Sie scheinen von ihm fasziniert zu sein.

Für mich wäre es schrecklich, der neue Schüler zu sein. In der ersten Woche bekommt man so viel Aufmerksamkeit, alle zeigen auf einen und versuchen, sich mit einem anzufreunden. Und wenn alle festgestellt haben, dass man nichts Besonderes ist, verlieren sie das Interesse.

Dann wird man einfach ein Kind wie jedes andere auch. Wie eine Popband, die nur einen einzigen Hit und dann nie wieder einen guten Song hat.

Archie erzählt mir gerade von einem Lehrer an seiner alten Schule. »Der hat sich so krass angestrengt, cool zu sein.« Er setzt sich umgekehrt auf seinen Stuhl und redet mit verstellter Stimme weiter. »Okay, Kinder, Schluss mit den Formalitäten und weg mit dem Regelbuch – nennt mich einfach Greg.«

Die Art, wie er »Greg« sagt, ist wirklich lustig, sodass ich laut lachen muss. Gerade in diesem Moment kommt Maus mit ihrem Tablett vorbei und sieht uns. Sie dreht sich sofort weg, aber ich habe ihr verletztes und trauriges Gesicht trotzdem gesehen. Ich will ihr nachlaufen und sagen, dass es mir leidtut und dass ich mit dem Fußball-Wunsch einen Fehler gemacht habe – und vielleicht noch einen mit dem zweiten Archie! –, aber es ist zu spät. Sie ist schon auf der anderen Seite des Saals.

Ich sehe wieder Archie und seinen kleinen Bart an, während er sein Sandwich isst und weiter Witze über seine alte Schule macht. Bald kichern die Mädchen vom Nachbartisch mit. Ich kann mir vorstellen, dass Archie einen Hit nach dem anderen landet. Er ist keine One-Hit-Wonder-Band, an der die Leute das Interesse verlieren. Dafür ist er zu cool und selbstbewusst.

Nach dem Mittagessen gehe ich mit ihm zum Fußballplatz und erkläre ihm auf dem Weg dorthin alle wichtigen Schulregeln. Nicht die offiziellen, sondern die inoffiziellen geheimen Regeln, die einem niemand sagt – bis man sie aus Versehen bricht:

1. Mach niemals den obersten Knopf deines Hemds zu, sonst machen sich die Leute über dich lustig. Die meisten schneiden den Knopf sogar ab, damit sie gar nicht erst in Versuchung kommen.
2. Melde dich bloß nicht auf jede Frage – auch wenn du die Antwort weißt. Zu Strebern sind Bella und Bea nämlich fast genauso gemein wie zu denen, die überhaupt keine Antwort wissen – wie ich.
3. Benutze nach dem Mittagessen nie die Toiletten im oberen Flur. (Dort sind die Sitze immer mit Kacke beschmiert – und bevor ich das wusste, habe ich mich einmal hineingesetzt. Es war widerlich.)
4. Iss beim Mittagessen niemals die Karotten – sie sind eklig. Außerdem kann das zu gemeinen Spitznamen führen. Seit Timmy Tompkins mal seine Karotten aufgegessen hat, nennen ihn alle nur noch »Nasse Karotte«.

Der andere Archie Crumb lacht über all das und sagt: »In meiner letzten Schule gab es auch solche komischen Regeln. Kinder können echte Idioten sein, was?«

Als wir auf dem Spielfeld ankommen, sieht uns Dan Dore und ruft: »Wollt ihr zwei mitspielen?«

Und Jayden Thomas fügt hinzu: »Neuer, du kannst in unserem Team sein.« Dann sieht er mich an. »Tut mir leid, Crumby, kein Platz mehr.«

Ich sehe zu, wie der Junge, der genauso ist wie ich und doch überhaupt nicht wie ich, losläuft und mir über die Schulter zuruft: »Danke für die Führung, Arch.« Dann schnippt er den Ball gekonnt mit dem Fuß hoch und ballert ihn hart ins Netz, was den Jubel seiner Mitspieler auslöst. Der andere Archie lacht, klatscht sich mit seinem Team ab und sieht dabei so entspannt aus, als wäre er schon ewig hier. Er hat zwar denselben Namen und Geburtstag wie ich, aber ansonsten ist er mir überhaupt nicht ähnlich. Sofort wandern meine Gedanken wieder zu Maus. Ich vermisse sie schrecklich. Doch als ich mich nach ihr umsehe, kann ich sie nirgends entdecken.

Wie schaffen es manche Kinder, sich einfach sofort einzufügen? Das ist doch nicht fair. Meine letzten beiden Wünsche sind total nach hinten losgegangen. Ich fühle mich jetzt noch einsamer als zuvor. Und als wäre das noch nicht schlimm genug, nennen mich alle seit heute nur noch »Crumby«, damit sie den anderen Archie und mich unterscheiden können.

Als ich nach dem Unterricht am Parkplatz vorbeigehe, sehe ich Bella dort alleine warten. Ich gehe langsamer und beobachte sie. Dann hält ein großer, silberner Mercedes an, und ein dicker Mann im Anzug steigt aus. Bestimmt ist das ihr Vater.

»Ich musste deinetwegen eine Besprechung abbrechen,

Bella. Mir ist sowieso nicht klar, warum du mit diesem bescheuerten Sport überhaupt anfangen willst«, sagt er statt einer Begrüßung und schmeißt ihren Ranzen in den Kofferraum.

»Entschuldigung, Dad. Ich dachte, Mum bringt mich hin«, murmelt Bella.

Es ist das erste Mal, dass ich aus Bellas Mund das Wort *Entschuldigung* höre. Neben ihrem Vater sieht sie ganz anders aus. Irgendwie kleiner. Auch in der Schule wirkt sie in letzter Zeit kleiner, seit sie Bea nicht mehr hat – auch wenn sie so tut, als sei ihr das egal.

Ihr Vater schimpft weiter vor sich hin. »Nächstes Mal gehst du zu Fuß. Und abgesehen davon bist du elf Jahre alt, um Himmels willen. Es ist zu spät für dich, um olympische Turnerin zu werden.« Dann lacht er prustend und sieht dabei genauso aus wie Bella, wenn sie mich auslacht. »Außerdem bist du sowieso zu dick und zu tollpatschig zum Turnen.«

Ohne ein Wort steigt Bella ins Auto, und sie fahren weg. Und mir wird klar, dass mein vierter Wunsch gar nicht nötig war. Bella weiß offensichtlich ganz genau, wie es ist, ausgelacht zu werden.

Sechzehn

Du allein bestimmst, in welche Richtung es geht.

– Lucas Bailey

Ehrlich gesagt habe ich manchmal keine Ahnung, in welche Richtung ich gehe, denn ich habe überhaupt keinen Orientierungssinn. Einmal habe ich mich im Supermarkt verlaufen und gefühlt zwei Stunden lang den Ausgang nicht gefunden.

– Archie Crumb

Diese Woche scheint niemals enden zu wollen. Mum ist »erschöpft« und liegt nur im Bett. Dabei weint sie oder tut so, als würde sie schlafen. Maus ignoriert meine Anrufe, und jedes Mal, wenn ich zu ihr fahre, reagiert bloß ihr aufgebrachter Nachbar. Als schließlich auch noch Mrs Stanley, Maus' nette Nachbarin auf der anderen Seite, herauskommt und mich fragt, ob es mir gut geht, weiß ich, dass ich besser mit dem Gekrächze aufhören sollte.

Der andere Archie Crumb ist jetzt der beliebteste Junge in der Schule. Am liebsten würde ich allen sagen, dass er nur wegen mir hier ist und *mein* bester Freund sein sollte – das war der Plan. Er ist zwar nett zu mir, aber zu beschäftigt, um mein bester Freund zu sein. Wir haben außerdem nicht wirklich viel gemeinsam, außer auf dem Papier. Er spielt unglaublich gut Fußball – ich miserabel. Er ist selbstbewusst – ich nicht. Die Leute lachen über seine Witze – bei mir lachen sie höchstens über mich.

Trotzdem versuche ich immer wieder herauszufinden, ob wir tief in unserem Inneren nicht doch Gemeinsamkeiten haben.

»Ich habe die größte Aufkleber-Sammlung der Welt«, erzähle ich in einer Mittagspause, als er sieht, wie ich einige meiner Sticker sortiere.

»Okay?«

»Wirklich. Mein Schlafzimmer ist so voll, dass ich meinen Kleiderschrank kaum noch aufbekomme. Das ist eigentlich ziemlich nervig.«

Er runzelt die Stirn. »Und warum hast du so viele?«

»Das ist eine lange Geschichte. Ich will sie verkaufen – möchtest du welche haben?«

»Ehrlich gesagt sind Sticker nicht so mein Ding, Archie.« Er ist der Einzige, der mich nie Crumby nennt. »Aber ich sage es weiter.«

Er hält sein Versprechen, und weil er der coolste Junge der Schule ist, boomt mein Aufkleber-Geschäft. Wenigstens *eine* gute Sache in meinem Leben. Die Zweit- und Drittklässler kaufen hauptsächlich Disney-Sticker. Der vierte Jahrgang ist süchtig nach Emojis. Die Fünfer und

Sechser teilen sich in zwei Gruppen auf: Duftaufkleber und Fußballsticker. Ich habe für JEDEN den richtigen Sticker, und bald schon bildet sich in jeder Pause eine Schlange vor meinem Platz an der Wand. Manchmal hoffe ich, dass Maus mich sieht und mir sagt, ich solle das nicht in der Schule machen, weil wir die Sticker doch zusammen an der Bushaltestelle verkaufen wollten. Aber sie sagt nichts.

An einem Nachmittag schreibe ich in Englisch alle meine bisherigen Wünsche auf und überlege, was ich mir als Nächstes wünschen würde, wenn es keine Regeln gäbe.

ARCHIE CRUMBS WUNSCHZETTEL

1. Eine Xbox & Pizza
2. Die größte Aufkleber-Sammlung der Welt
3. Einen Eiswagen
4. Rache an der B-B-Gang
5. Ein Einhorn für Scadge
6. Für das Fußballturnier ausgewählt werden
7. Den anderen Archie Crumb
8. Dass Maus wieder meine Freundin wird?
9.

Als ich am Donnerstagnachmittag nach der Schule meinen Schlüssel in die Haustür stecke, höre ich drinnen das Telefon klingeln. Ich pfeffere meine Tasche hin und nehme hastig ab.

»Archie, ich bin's.« Es ist Maus. Sie hört sich verschnupft an, als wäre sie erkältet oder hätte geweint. »Kannst du rüberkommen?«

»Ja!«, sage ich, ohne nach dem Grund zu fragen. »Ich komme sofort. Es tut mir so leid, Maus, ich hatte nie vor …«

»Mach dir keinen Kopf, das ist nicht mehr wichtig.«

Sofort weiß ich, dass etwas wirklich nicht in Ordnung ist.

»Was meinst du damit?«

»Wir ziehen um. Mum und Dad haben es mir gerade gesagt. Das Haus steht zum Verkauf, und wir ziehen weg.«

»Ich komme!«, rufe ich, lege den Hörer auf, schnappe mir meine Jacke und schwinge mich auf Jack.

Maus DARF nicht wegziehen. Ich werde das auf keinen Fall zulassen.

Als ich vor ihrem Haus ankomme, krächze ich in voller Lautstärke, und sie öffnet sofort die Tür, als hätte sie auf mich gewartet.

»Können wir zur Bushaltestelle gehen?«, schnieft sie.

»Ja, klar.«

Auf dem Weg dorthin schweigen wir. Maus hat geschwollene Augen und rosa Flecken auf den Wangen, wie man sie kriegt, wenn man richtig lange geweint hat.

Ich habe nur einmal so geweint – als Dad uns verlassen hat. Danach sah ich so aus, als hätte ich Blutergüsse im Gesicht, und meine Brust tat mir ein paar Tage lang weh. Seitdem habe ich nicht mehr geweint. Ich habe zu viel Angst davor – Angst, dass der Schmerz beim Weinen wiederkommt und nie mehr verschwindet. Wenn ich jetzt traurig werde und meine Kehle eng wird, verdränge ich die traurigen Gefühle einfach, bis sie weg sind. Außerdem habe ich eine Menge Tricks gefunden, um mich vom Weinen abzuhalten:

ARCHIE CRUMBS TRICKS, WIE MAN NICHT WEINT

1. **In die Innenseite des Arms kneifen.** Mum hat mich einmal dabei erwischt, als Dad anrief und mir für das Wochenende absagte. Sie wurde richtig sauer und sagte, ich müsse andere Wege finden, um mit meinen Gefühlen umzugehen. Als Ersatz gab sie mir ein Kissen, in das ich hineinboxen sollte. Um ehrlich zu sein, tat das Zwicken sowieso weh.
2. **Mich drehen, bis mir schwindelig wird.** Das kann ich nur machen, wenn ich viel Platz habe und kurz davor bin, zu weinen. Ich habe es einmal in der Küche probiert, als ich mir gerade Bohnen auf Toast gemacht hatte. Es war der erste Weihnachtsfeiertag. Für Mum ist Weihnachten noch schwieriger als normale Tage. Sie lag oben im Bett und wollte nicht herunterkommen, und zu Dad sollte ich erst abends gehen. Als ich die Bohnen für mein Mittagessen in die Mikrowelle stellte, war ich plötzlich so traurig, dass ich bei-

nahe weinen musste. Also drehte ich mich zwanzig Mal um die eigene Achse, aber dabei taumelte ich gegen das Pfannenregal an der Wand, und ein Kochtopf traf mich am Kopf.

3. **Meine Liste der fehlenden Aufkleber laut aufsagen.** Das funktionierte natürlich nur, bevor ich die größte Sammlung der Welt bekam. Jetzt ist dieser Trick ehrlich gesagt etwas nutzlos. Aber vorher hat es mich immer von düsteren Gedanken abgelenkt. Einmal fing ich an, die fehlenden Aufkleber beim Zahnarzt aufzuzählen, aber dann öffnete Dr. Maughton meinen Mund, sodass ich nichts mehr sagen konnte. Also habe ich die Aufkleber in meinem Kopf weiter aufgezählt, aber das hat überhaupt nicht gegen die Angst geholfen. Ich war so sauer auf Dr. Maughton. Seitdem bin ich nie wieder beim Zahnarzt gewesen. Das ist drei Jahre her. Aber weil ich sowieso derjenige bin, der bei uns die ganze Post öffnet, zerreiße ich die vom Zahnarzt einfach und lasse sie in der schwarzen Tonne verschwinden. Und wenn ich Dr. Maughton auf der Straße sehe, verstecke ich mich.
4. **»Gaga« rufen.** Einmal ist mir auf dem Weg zu Dad meine Kette gerissen, und ich bin vom Fahrrad gestürzt. Wir wollten eigentlich ins Kino gehen, deswegen habe ich mein Fahrrad, so schnell ich es mit meinem verletzten Bein schaffte, ge-

schoben. Als ich schließlich ankam, war meine Hose voller Blut, und ich war fünfzehn Minuten zu spät. An Dads Tür hing ein Zettel, auf dem stand: *Tut mir leid, Arch, wir mussten ohne Dich los. Sind in ein paar Stunden wieder da.* Als ich auf den Zettel sah, spürte ich, wie mir Tränen in die Augen traten, also drückte ich den Lenker ganz fest und brüllte, so laut ich konnte: »GAGA!« Eine alte Dame blieb erschrocken stehen und sah herüber. Es war ein bisschen peinlich, aber es hat gewirkt. Ich habe zwei Stunden lang gewartet, ohne ein einziges Mal zu weinen.

Maus sagt, dass Weinen gesund ist und dass die Traurigkeit noch schlimmer wird, wenn man sie nicht zulässt. Doch ich bin anderer Meinung – was könnte schlimmer sein als dieses grässliche Gefühl in meiner Brust?

An der Bushaltestelle stehen bereits ein paar ältere Teenager, also gehen wir einfach wortlos weiter. Das ist das Besondere an Maus: Ich kenne sie schon so lange, dass es mir manchmal so vorkommt, als wüssten wir, was der andere denkt.

Ich habe sie so sehr vermisst. Doch als ich ihr das gerade sagen will, zeigt sie auf eine Mauer vor dem Wettbüro und sagt: »Komm mit.«

Wir überqueren die Straße, setzen uns auf die Mauer und beobachten die Männer im Wettbüro, die alle zu den Bildschirmen aufblicken.

»Also«, sage ich schließlich, »was genau ist bei euch los?«

»Genau das, was ich gesagt habe. Mum und Dad wollen das Haus verkaufen. Mich haben sie nicht einmal gefragt. Sie haben es mir einfach mitgeteilt, als wäre es egal, was ich darüber denke. Sie haben sogar schon den blöden Makler kommen lassen, um Fotos zu machen.«

»Wohin zieht ihr denn?«

»Yewbridge, wo auch immer das ist. Mum und Dad wollen raus aus der Stadt und ›das Landleben genießen‹, und anscheinend ist jetzt der perfekte Zeitpunkt, bevor ich in die weiterführende Schule komme. Ich glaube, Mum hat die blöde Vorstellung, selber Brot zu backen und Hühner zu halten, als ob wir nicht schon genug Tiere hätten. Als ob Hühner und Brot mich umstimmen würden, ich bin doch nicht mehr vier!«

Wieder steigen ihr Tränen in die Augen, und ich muss mich davon abhalten, ihr zu sagen, sie solle »GAGA« schreien.

»Wir müssen es einfach verhindern«, sage ich.

»Aber wie? Und bevor du es vorschlägst, ich will nichts mit deinen Wünschen zu tun haben, Archie. Sie gehen nie so in Erfüllung, wie du es haben willst. Ich weiß, dass der andere Archie Crumb auch daraus entstanden ist.«

Ich spüre, wie ich rot werde. Maus kennt mich so gut.

»Du hast recht«, sage ich. »Für dieses Problem sind die Wünsche zu unberechenbar.« Nach einer Pause füge ich hinzu: »Manchmal hilft eben kein Wünschen, sondern man muss etwas für seine Ziele tun.«

»Aber was? Meine Eltern werden sich niemals überzeugen lassen.«

Ich denke kurz nach. »Was ist, wenn niemand euer Haus kaufen will? Erinnerst du dich an das Haus mit den großen rostigen Toren in der South Road? Das stand jahrelang zum Verkauf.«

»Ja, aber das Haus war auch total unheimlich. Alle dachten, es würde dort spuken!«

»Genau!«, sage ich.

»Was meinst du, Archie?«

»Wir müssen einfach nur jeden abschrecken, der zur Besichtigung kommt. Lass uns am besten eine Liste mit Dingen erstellen, die die Leute davon abhalten könnten, euer Haus zu kaufen!«

Eine halbe Stunde später grinsen Maus und ich von einem Ohr zum anderen und betrachten stolz unsere Liste.

ARCHIES UND MAUS' HAUSKÄUFER-ABSCHRECKUNGSMASSNAHMEN

1. Es spuken lassen (unheimliche Geistergeräusche, sich bewegende Vorhänge usw.)
2. Dafür sorgen, dass es im Haus stinkt
3. Gerüchte verbreiten, dass dort jemand gestorben ist
4. Spinnen, Schlangen, Kakerlaken, Maden

5. Das Haus auskühlen lassen
6. Feuchtigkeit
7. Knarrende Türen, Fenster und Böden

Wenn wir alle unsere Maßnahmen umsetzen, wird niemand mehr Maus' Haus kaufen wollen, das steht fest!

»Ich will wirklich nicht weg!«, sagt Maus leise.

»Ich weiß«, sage ich. »Aber keine Sorge. Wir haben noch das ganze Wochenende Zeit, um alles zu besorgen, was wir brauchen.«

Wir lehnen unsere Köpfe aneinander und starren schweigend in das Wettbüro.

Ich bin froh, dass Maus und ich uns nicht durch einen meiner Wünsche wieder vertragen haben. Denn dadurch, dass es nun auch ohne Wunsch passiert ist, weiß ich, dass es echt ist.

Später am Abend, als ich gerade Kartoffelwaffeln aus dem Toaster hole, höre ich ein »KRAAAH, KRAAAH« und entdecke Maus draußen auf ihrem Fahrrad.

»Planänderung, Archie. Als ich nach Hause kam, hat meine Mum wie eine Wilde geputzt. Anscheinend hat der Makler angerufen und gesagt, irgendeine blöde Familie könne nicht bis Montag warten und käme morgen nach der Schule vorbei, um sich das Haus anzusehen! Wir müssen unsere Maßnahmen sofort umsetzen, Archie.«

»Keine Sorge, ich kümmere mich darum«, versichere ich ihr. »Wir schrecken sie ab, kein Problem.«

»Und was kann ich machen?«

»Geh einfach nach Hause und pass auf, dass deine Eltern keinen Verdacht schöpfen. Ich hole nach der Schule die Sachen, die wir brauchen, und komme zu dir. Okay?«

»Danke, Archie. Du bist wirklich der beste Freund aller Zeiten.« Sie hält kurz inne und fügt dann hinzu: »Es tut mir so leid, was ich gesagt habe.«

»Mir auch. Mir tut es auch leid«, erwidere ich.

Ich sehe Maus nach, bis sie hinter der Straßenecke verschwunden ist. Ich bin so froh, dass sie wieder meine Freundin ist, und das macht mich noch entschlossener, diese Sache zu regeln. Ich brauche Maus in meinem Leben.

Siebzehn

Das Leben ist wie eine Achterbahn. Also schnall dich an und genieß die Fahrt.

– Lucas Bailey

Als Maus das letzte Mal Achterbahn gefahren ist, hat der Junge vor ihr gekotzt, und sie hat alles ins Gesicht gekriegt.

– Archie Crumb

Am nächsten Tag fahre ich nach der Schule direkt zu Maus und entdecke sofort das neu aufgestellte »Zu verkaufen«-Schild. *Das wird nicht lange dort stehen*, denke ich, *denn dieses Haus wird NICHT verkauft.* Ich habe alles, was wir brauchen, in meinem Rucksack dabei:

- Eine Tüte mit falschen Spinnen, die ich gestern Abend aus einer alten schwarzen Socke gebastelt habe. Dazu habe ich aus der Wolle kleine Knäuel gerollt und dann acht kleine, fadendünne Beinchen herausgezogen. Es sind nicht die besten Spinnen, aber von Weitem sehen sie ziemlich echt aus.

- Ein paar stinkende Heringe, die ich nach der Schule mit meinem Aufkleber-Geld gekauft habe.
- Den ferngesteuerten Roboter aus der Kiste mit James' alten Sachen.

Gerade schleicht Maus aus dem Haus und blickt sich vorsichtig um, während sie auf mich zukommt.

»Meine Eltern wollten mich nicht rauslassen, also musste ich aus dem Wohnzimmerfenster klettern! Sie sind verrückt geworden! Dad kocht Kaffee und backt frisches Brot, und Mum liegt auf den Knien und schrubbt die Fußleisten – sie hat die Fußleisten noch NIE geschrubbt! Sie haben auch alle Tiere in den Schuppen gebracht. Man könnte meinen, die Queen kommt zu Besuch.«

»Keine Sorge«, sage ich. »Wir bringen das schon in Ordnung. Ich bleibe hier und schrecke die Leute ab, bevor sie überhaupt ins Haus kommen.«

»Und wie willst du das machen?«, fragt sie.

»Überlass das mir. Du musst deiner Mum sagen, dass du den Leuten dein Zimmer *alleine* zeigen willst. Erzähl ihr irgendwas von Unabhängigkeit und Verantwortung, dann nimmt sie es dir bestimmt ab. So erwischen dich deine Eltern nicht. Und wenn die Leute dann in deinem Zimmer sind, lässt du den Roboter von alleine herumfahren und erzählst ihnen, dass das ständig passiert und vermutlich ein Geist dahintersteckt. Am besten versteckst du dafür die Fernbedienung in deiner Tasche.«

»Gute Idee!«, sagt sie und lässt die Fernbedienung in ihrer Jackentasche verschwinden.

Ich gebe ihr die Baumwollspinnen. »Hier hast du ein paar Krabbelviecher zum Verteilen. Du kannst den Leuten ja sagen, ihr hättet ein großes Spinnenproblem, du wüsstest auch nicht, warum, aber das ganze Haus sei immer voller riesiger Spinnen. Und leg diese Heringe hier unter dein Bett. Die stinken super-eklig.«

»Igitt, in dem Bett muss ich heute Nacht schlafen!«

»Das ist es wert, Maus. Ihr dürft auf keinen Fall wegziehen.«

Sie nickt. Als ich ihr die Tasche überreiche, sagt sie: »Wünsch mir Glück, Archie!«

»Du brauchst kein Glück, Maus. Wir schaffen das ganz ohne Glück, Wünsche oder Magie.« Als sie sich wieder dem Haus zuwendet, fällt mir noch etwas ein. »Maus!«

»Ja?«

»Schmuggle Flump in dein Zimmer und setz sie bei dir auf den Boden. Niemand kauft ein Haus, wenn er glaubt, dass es darin Mäuse gibt!«

Sie hebt nervös den Daumen und verschwindet um die Ecke.

Fünfzehn Minuten später fährt ein schickes silbernes Auto vor. Ich sitze auf der Mauer vor dem Haus und lasse die Beine baumeln. Ein elegantes Paar steigt mit einem herausgeputzten kleinen Baby mit Schleife um den kahlen Kopf aus. Der Mann und die Frau sehen aus, als wären sie gerade beim Friseur gewesen, und die Wimpern der Frau lassen sie wie eine Puppe aussehen. Sie schauen am Haus hoch, und die Puppen-Frau sagt: »Von außen wirkt es kleiner, als ich es mir vorgestellt habe.«

Der Mann legt seinen Arm um sie. »Warte, bis wir drinnen sind, Schatz. Die Straße ist jedenfalls reizend.«

»Oh, sie *wirkt* reizend«, sage ich und baumele weiter mit den Beinen.

In der Mittagspause habe ich im Internet nach Gründen gesucht, die Menschen davon abhalten, ein Haus zu kaufen. Da gab es jede Menge. Ich muss nur die richtigen für dieses Paar aussuchen.

»Es ist nur schade, dass hier so viele Verbrechen passieren«, sage ich.

»Wirklich?« Die Frau sieht erschrocken aus.

»Ja, im letzten Monat ist allein in drei Häuser eingebrochen worden. Deshalb haben sich die Nachbarn diese echt wilden Kampfhunde besorgt. Einer von denen hat neulich ein Kind gebissen.«

»O mein Gott, wie schrecklich«, sagt die Frau, schlägt sich die eine Hand vor den Mund und umschlingt mit der anderen das Baby mit der Schleife etwas fester.

Meine Arbeit hier ist getan. Ich springe von der Mauer und schlendere die Straße hinunter, wobei ich mich noch einmal nach ihren entsetzten Gesichtern umschaue.

Eine Stunde später sitzen Maus und ich auf unserem neuen Platz vor dem Wettbüro, und sie erzählt mir, wie die Besichtigung ablief.

»Was auch immer du zu ihnen gesagt hast, es hat gewirkt«, sagt sie. »Sie waren ziemlich verschreckt, als sie reinkamen, und die Frau fragte ständig nach den Nachbarn. Sie schien Mum nicht zu glauben, als sie ihr erzählte, dass Mr und Mrs Stanley ein nettes altes Ehepaar sind und dass Bill auf der anderen Seite zwar ein bisschen mürrisch ist, aber eigentlich ein Herz aus Gold hat.«

»Was war mit den anderen Sachen?«, frage ich.

»Die Spinnen haben nicht funktioniert, der Typ hat nur so was Albernes gesagt wie: ›Die halten dann wohl die Fliegen fern!‹ Aber der ferngesteuerte Roboter hat das Baby zum Weinen gebracht. Das war gut, obwohl ich mir schrecklich fies vorkam und ihm einen meiner Teddys geschenkt habe, um es aufzuheitern. Die Heringe waren super. Ich habe sie unter meinem Bett versteckt, und als die Frau den Gestank bemerkte, habe ich ihnen erzählt, das ganze Haus würde manchmal nach Fisch riechen und wir könnten den Geruch nicht loswerden. Aber das Allerbeste war Flumpy hier!« Maus holt die kleine Wüstenrennmaus aus ihrer Tasche und gibt sie mir zum Kuscheln in die Hand.

»Sie huschte genau im richtigen Moment über den Boden, und die Frau hat so laut geschrien, dass ich mich fast zu Tode erschreckt hab. Und damit hatte es sich dann, sie sind, so schnell sie konnten, aus der Tür gerannt.«

»Super!«, sage ich, nehme Flump in die eine Hand und halte die andere hoch, um Maus abzuklatschen. Doch sie ignoriert mich und seufzt tief.

»Ja, schon, aber Mum hat gesagt, dass am Montag

noch zwei und am Dienstag drei Besichtigungstermine stattfinden. Wir können das doch nicht bei allen machen, oder?«

»Natürlich können wir das«, sage ich. »Ich lasse nicht zu, dass mir meine beste Freundin weggenommen wird.«

Sie lächelt. »Sollen wir uns morgen hier treffen und neue Pläne schmieden?«

»Ich kann leider nicht. Ich bin bei meinem Dad, aber ich komme am Sonntag wieder zum Abendessen, und dann können wir unsere Strategie perfektionieren – abgemacht?«

»Abgemacht«, sagt sie.

Als zu Hause das Telefon klingelt, denke ich zuerst, dass es Maus ist. Doch ich habe mich geirrt.

»Hey, Archie!«, ertönt Dads fröhliche Stimme.

»Hi, Dad«, sage ich und weiß, dass jetzt etwas kommt, was ich nicht hören will.

»Also, ich rufe wegen morgen an, Archie …«

Bevor er mir irgendeine Lüge oder Ausrede auftischt, warum ich dieses Wochenende nicht kommen kann, ziehe ich ein Aufkleber-Päckchen aus meiner Tasche und knistere neben dem Hörer damit herum.

»O nein, Dad, ich kann dich nicht hören!«, sage ich. »Aber wir sehen uns ja morgen!«

Und dann lege ich auf, obwohl ich weiß, dass er noch mal anrufen wird, um mich mit irgendeiner Ausrede oder Lüge aus seinem perfekten neuen Leben zu drängen.

Traurig und genervt öffne ich das rote Aufkleber-Päckchen in meiner Hand, und da ist er – Lucas Bailey. Sein Gesicht strahlt mich an, als wollte er mir etwas sagen.

»Was soll ich tun, Lucas?«, frage ich.

Da klingelt das Telefon erneut, und ich weiß, was ich tun muss. Ich will nicht noch einmal vertröstet werden. Und ich will nicht mehr angelogen werden.

Ich halte den Aufkleber ganz fest, schließe die Augen und stelle mir vor, wie mein Dad und ich zusammen lachen und alles wieder so ist wie früher – bevor er anfing zu lügen. Während das Telefon weiterklingelt, flüstere ich leise: »Ich wünsche mir, dass morgen jeder Erwachsene auf der Welt einen Tag lang nur die Wahrheit sagen muss.«

Fast im selben Moment hört das Telefon auf zu klingeln, als ob mein Wunsch es zum Schweigen gebracht hätte. Als ob er die Lügen zum Schweigen gebracht hätte, die mein Dad mir gerade erzählen wollte. Doch ein paar Sekunden später klingelt es wieder, und ich zucke zusammen, obwohl ich genau weiß, wer dran ist. Ich ignoriere es, bis Mum von oben unwirsch schreit: »Geh doch mal ran!«

Doch ich will nicht rangehen, stattdessen stöpsele ich das Telefon aus. Wenn Dad nicht die Wahrheit sagt, will ich von ihm nichts mehr hören.

Ich renne nach oben und aktualisiere meinen Wunschzettel.

ARCHIE CRUMBS WUNSCHZETTEL

1. *Eine Xbox & Pizza*
2. *Die größte Aufkleber-Sammlung der Welt*
3. *Einen Eiswagen*
4. *Rache an der B-B-Gang*
5. *Ein Einhorn für Scadge*
6. *Für das Fußballturnier ausgewählt werden*
7. *Den anderen Archie Crumb*
8. *Die Wahrheit*
9.

Jetzt ist nur noch ein Wunsch übrig. Bei diesem muss ich alles richtig machen.

Achtzehn

Sei du selbst. Jeder ist einzigartig.

– Lucas Bailey

Außer Archie Crumbs – von uns gibt es anscheinend eine ganze Menge!

– Archie Crumb

Als ich aufwache, fällt mir mein Wunsch wieder ein, und ich bin schlagartig hellwach.

Ich frage mich, was mein Wunsch mit der Welt anstellen wird?! Wird *wirklich* alles besser, wenn man die Wahrheit sagt? Ich schätze, das werde ich gleich herausfinden.

Neugierig schalte ich den Fernseher ein. Gerade läuft eine langweilige Sendung, in der Männer in Anzügen an Schreibtischen sitzen und über Politik reden. Ein sehr müde aussehender Mann spricht mit gelangweilter Stimme monoton vor sich hin.

»Nun, die Situation eskaliert zweifellos, und die Frage ist, welche Rolle wir dabei spielen sollten. Ihre Meinung, Michael?«

Ich warte atemlos.

Der Mann, der Michael heißt, zögert einen Moment.

Dann sagt er: »Tut mir leid, Jeremy, ich habe offen gestanden kein Wort von dem gehört, was Sie gesagt haben. Mein Hintern juckt total, und das lenkt mich vollkommen ab.«

Jeremy verschluckt sich fast an dem Wasser, an dem er gerade genippt hat. Auch die anderen Männer in Anzügen sehen völlig schockiert aus, bis auf einen, der zu lachen beginnt.

Jeremy räuspert sich. »Tja, danke für Ihre Ehrlichkeit, Michael. Es ist jetzt neun Uhr. Zeit, zu Debbie in die Nachrichtenredaktion zu schalten.«

Kurz bevor zu Debbie umgeblendet wird, sieht man noch einmal die Gesichter der Männer im Studio. Sie können nicht glauben, was gerade passiert ist. Einer steht wütend auf, der andere lacht immer noch, und Michael sitzt einfach nur verwirrt da und kratzt sich am Hintern. Als ich seinen benommenen Gesichtsausdruck sehe, muss ich laut lachen. In meinem Kopf höre ich ihn immer wieder sagen: »Mein Hintern juckt total«, und jedes Mal, wenn ich daran denke, muss ich noch mehr lachen. Tränen laufen mir übers Gesicht. Ich hatte keine Ahnung, dass dieser Wunsch so gut sein würde!

Als ich mich endlich beruhigt habe, beschließe ich, bei Mum reinzuschauen. Ich stecke den Kopf durch ihre Tür und frage: »Morgen, Mum, wie geht's dir?«

»Mies. Ich werde den ganzen Tag nicht aus dem Bett kommen und mir richtig die Augen ausweinen.«

Also, das ist ehrlich, denke ich, aber Mum nimmt generell kein Blatt vor den Mund, wenn es darum geht, wie schlecht sie sich fühlt. Bei ihr wäre es vielleicht besser, wenn sie in manchen Dingen etwas weniger ehrlich und direkt wäre. Aber das kann ich mir nicht wirklich wünschen, oder?!

Ich schließe leise ihre Tür, packe meinen Rucksack und mache mich auf Jack auf den Weg zu Dad. Ich habe richtig Hunger, aber Dad hat immer Brötchen und Waffeln im Haus, also esse ich, wenn ich dort bin. Als ich mich die Highton Street hinunterrollen lasse, wird mir klar, dass ich gleich meinem *echten* Vater begegnen werde. Dem der mich nicht mehr anlügen kann. Ich trete ein bisschen schneller in die Pedale.

Immer wieder kommen mir Michael und sein juckender Hintern in den Sinn, und ich muss jedes Mal kichern. Und weil ich ziemlich früh dran bin, beschließe ich, unterwegs etwas Spaß zu haben. Als die kleinen Läden in der Tooley Street in Sicht kommen, halte ich an und gehe in den Zeitungskiosk.

»Morgen«, sagt der Mann hinter dem Tresen, als ich die Tür öffne.

»Morgen«, entgegne ich. »Wie geht es Ihnen?«

»Ich bin müde«, sagt er.

»Warum?«, frage ich. »Waren Sie zu lange auf?«

»Nein«, antwortet der Mann. »Meine Frau schnarcht. Sie hält mich jede Nacht wach.« Er blinzelt erschrocken, als hätte er mir das nicht sagen sollen, und beginnt, die Kaugummis neu zu sortieren.

»O nein, das klingt übel«, sage ich und kann mir ein Lächeln nicht verkneifen.

»Sie hört sich an wie ein Nashorn«, fährt er fort. »Einmal haben sich sogar die Nachbarn beschwert, so laut ist es.«

In diesem Moment kommt eine kleine Frau aus dem hinteren Teil des Ladens.

»Schatz, wenn du diesen jungen Mann fertig bedient hast, könntest du uns dann hinten helfen?«

»Ich bediene ihn nicht, Liebes, ich erzähle ihm nur, wie doll du schnarchst.«

»Malcolm!«, sagt sie scharf und wird sofort knallrot. »Was fällt dir ein, einem Fremden von unseren Schlafgewohnheiten zu erzählen?«

Ich schlüpfe aus der Tür und überlasse es Malcolm, sich aus dem Schlamassel zu ziehen, in das er sich hineingeritten hat.

Vor dem Laden stoße ich mit zwei Frauen zusammen, die mit ihren kleinen Hunden unterwegs sind.

»Pass doch auf!«, schnauzt mich eine von ihnen an, als ich zurückweiche.

»Er wäre fast auf meine neuen Schuhe getreten!«, sagt die andere Frau, und im Weitergehen höre ich sie sagen: »Gefallen sie dir, Yasmin? Ich habe sie gestern gekauft – obwohl sie eigentlich viel zu teuer waren!«

Ich gehe langsam weiter und höre, wie Yasmin antwortet: »Nein, sie sind grässlich, meine Liebe, wahrscheinlich die hässlichsten Schuhe, die ich je gesehen habe.«

Eilig renne ich los, bevor das Lachen aus mir herausbricht. Das ist alles einfach zu gut.

Ich bin fast wieder bei Jack angekommen, als ich meinen Zahnarzt, Dr. Maughton, direkt auf mich zukommen sehe. Ich versuche noch, den Kopf zu senken, und hoffe, dass er mich nicht mehr erkennt, weil es so lange her ist, dass ich bei ihm war.

»Archie Crumb!«

O nein! Ich denke an all die unbeantworteten Briefe im Papierkorb und an all die verpassten Termine.

»Hi«, sage ich.

»Dich habe ich ja schon lange nicht mehr gesehen. Wie geht es den Beißerchen?«

»Gut, danke«, antworte ich. Dann denke ich an meinen Wahrheitswunsch und füge hinzu: »Und Ihren? Passen Sie gut auf sie auf?«

Er sieht sich prüfend um, dann beugt er sich vor und flüstert: »Weißt du was, Archie, das habe ich noch nie jemandem erzählt, aber ich bin total süchtig nach Haribo. Heute Morgen habe ich sogar welche zum Frühstück gegessen!«

Ich sehe ihn an und kann mir ein Lachen nicht verkneifen.

Er schüttelt den Kopf und sagt: »Ich habe keine Ahnung, warum ich dir das erzählt habe.«

»Keine Sorge«, gebe ich zurück. »Es ist doch nur die Wahrheit!«

Dann schwinge ich mich, noch immer lachend, auf

Jack und fahre zu Dad. Dabei komme ich an einer großen Gruppe von Läufern und Läuferinnen vorbei und höre eine von ihnen sagen: »Ich laufe nicht mal gerne, ich mache nur mit, weil ich auf Mike stehe.«

Als ich bei Dad und Julie ankomme, frage ich mich, was passieren wird, wenn alle nur noch die Wahrheit sagen. Vielleicht geraten Yasmin und ihre Freundin in einen heftigen Streit über die hässlichen Schuhe. Die Joggerin sagt Mike vielleicht, was sie empfindet, und dann leben sie glücklich bis ans Ende ihrer Tage. Vielleicht unternimmt die Frau des Zeitungsverkäufers endlich etwas gegen ihr Schnarchen, und Dr. Maughton steht zu seiner Haribo-Sucht und lässt Kinder in Ruhe Süßigkeiten essen.

Je näher ich Dads Haus komme, desto nervöser werde ich. Ich stehe kurz davor, endlich von ihm die Wahrheit zu hören, und habe keine Ahnung, was dann passieren wird. Aber jetzt gibt es kein Zurück mehr. Ich spüre, wie mein Herz in meiner Brust pocht, atme ein paarmal tief durch und überlege, was ich sagen soll. Doch bevor ich klopfen kann, geht die Tür auf.

»Was machst du denn hier draußen, Arch?«, fragt Dad. »Komm doch rein!«

Er wirkt glücklich, mich zu sehen. Vielleicht hat er gestern gar nicht angerufen, um mir abzusagen.

Ich stelle meine Tasche im Gästezimmer ab und gehe dann in die Küche, um Waffeln zu backen. Scadge kommt angerannt und springt mir in die Arme.

»Archibald!«, quietscht sie. »Wusstest du, dass es bis

zu meinem Geburtstag nur noch dreihunderteinundfünfzig Tage sind?«

»Nein, das wusste ich nicht, Scadge. Da bist du bestimmt aufgeregt!«

»Ich kann es kaum erwarten«, sagt sie.

Julie kommt in ihrem schneeweißen Mantel mit rosa geschminkten Lippen herein. Sie ist von einer feinen Parfüm-Wolke umgeben. Ich atme tief ein.

»Okay, Scarlett, Schuhe an. Wir müssen los.«

Ich bin mir nicht sicher, ob ich möchte, dass Julie ehrlich zu mir ist, also frage ich stattdessen Scadge: »Wohin geht ihr denn?«

Da kommt Dad ins Zimmer und nimmt die Schlüssel aus der Schale auf dem Schrank.

»Wir sind den Tag über unterwegs, Arch. Ich habe gestern versucht, dich anzurufen, um dir Bescheid zu geben, aber euer Telefon hat irgendwie nicht funktioniert.«

»Okay, super. Wohin gehen wir?«, frage ich und beuge mich hinunter, um Scadge mit ihrem Reißverschluss zu helfen.

»Oh, du brauchst nicht mitzukommen, Arch. Deshalb habe ich versucht, dich zu erreichen. Du hättest einfach später vorbeikommen können. Wir fahren in die Stadt. Julie hat mir schon vor Ewigkeiten gesagt, dass sie da, äh, etwas organisiert hat. Ich hätte es dir früher sagen sollen, tut mir leid.«

Ich merke, wie ich rot werde, und sehe, dass Julie zu Boden schaut. Jetzt ist meine Chance gekommen, endlich die Wahrheit von Dad zu erfahren, aber ich zögere, weil mir klar wird, dass das vielleicht doch kein so guter Wunsch war. Der ganze Spaß vom Morgen hat sich plötzlich komplett in Luft aufgelöst.

Schließlich halte ich es nicht mehr aus. »Willst du nicht, dass ich mitkomme?«, flüstere ich.

Dad zögert keine Sekunde. »Nein, mein Sohn, das will ich nicht. Das ist eine Sache für mich, Julie und Scarlett als Familie.« Sofort sieht er erschrocken aus, dass er das gerade gesagt hat. Verwirrt wendet er sich an Julie. »Bring Scarlett ins Auto, Schatz, ich komme gleich nach.«

Während Julie sie aus der Tür bugsiert, höre ich Scadge fragen: »Aber warum kann Archibald nicht mitkommen, wenn wir Fotos machen?«

Dad kratzt sich am Kopf. »Das Ganze ist ein bisschen kompliziert, Arch. Aber du bist groß genug, um es zu verstehen, also werde ich ehrlich sein. Julie hat für uns ein Familien-Fotoshooting gebucht. Ich hatte die verdammte Sache bis gestern ganz vergessen. Sie will ein paar schöne Bilder mit Scarlett, und deshalb dachten wir, es wäre das Beste, wenn du hierbleibst.«

»Ihr wollt mich nicht auf den Fotos haben«, sage ich, und mein Magen dreht sich um.

»Nein. Julie möchte vor allem ein paar Mutter-Tochter-Fotos. Sie findet, du siehst ein bisschen schmuddelig aus.«

»Und was ist mit dir?«, flüstere ich. »Was findest *du*?«

»Jedes Mal, wenn ich dich ansehe, Archie, denke ich an deine Mum«, sagt er. »Das macht mich traurig und wütend. Deshalb will ich dich auch nicht auf den Fotos haben.«

Er sieht schockiert aus, als ob er sich zum ersten Mal selbst eingestanden hätte, was er wirklich empfindet. Als würde er die ganzen Lügen, die er erzählt, ebenso sehr für sich selbst erfinden wie für mich.

»Das verstehst du doch, Arch, oder?«, fragt er mit leicht flehender Stimme. »Glaub mir, das Letzte, was du willst, ist, dass Julie den ganzen Nachmittag an dir herumzupft. Zum Abendessen sind wir zurück. Okay?«

Als ich nichts sage, geht er zur Tür hinaus. Ich spüre, wie mir die Tränen in die Augen steigen. Dabei weiß ich nicht einmal genau, warum ich traurig bin. Ich will nicht auf irgendwelchen blöden Familienfotos sein, auf denen alle so tun, als wären sie glücklich. Und Julie hat recht, ich sehe schmuddelig aus und gehöre nicht zu dieser Familie, also sollte ich auch nicht auf den Fotos sein.

Dann denke ich an Scadge, wie sie für die Kamera »Cheese!« sagt, und plötzlich laufen mir die Tränen über die Wangen. Ich probiere es mit all meinen Tricks, schreie »Gaga!« und kneife mir in den Arm, bis er ganz taub wird, aber nichts kann sie aufhalten. Sie fließen einfach immer weiter. Und dann weiß ich, dass ich hier nicht mehr bleiben kann. Keine Ahnung, wohin ich soll, aber ich muss so schnell wie möglich aus diesem glänzenden, künstlichen Haus voller Lügen verschwinden. Ich kann nicht zulassen, dass Dad mir jemals wieder so ein beschissenes Gefühl gibt.

Bevor ich verschwinde, gehe ich immer noch tränenüberströmt zu Scadges Zimmer hinauf und suche ihren besten Einhorn-Notizblock heraus. Auf eine der Seiten schreibe ich mit einem rosa Bommel-Stift:

Liebe Scadge,
nur damit Du es weißt, ich war derjenige, der Dir das Einhorn geschenkt hat. Ich wünschte, Du hättest es behalten können.
Ich werde ab jetzt nicht mehr kommen.
Es tut mir wirklich sehr leid. Wenn es nach mir ginge, würde ich DAUERND mit Dir spielen. Du bist die beste kleine Schwester auf der ganzen Welt, und ich werde Dich SO sehr vermissen.
Ich hab Dich lieb.

Archibald xxx

Als ich fertig bin, kann ich kaum noch atmen. Meine Brust schmerzt von den vielen Schluchzern, und Tränen fallen auf das Papier. Das ist der Grund, warum ich so lange nicht geweint habe. Denn jetzt fühlt es sich so an, als könnte ich nie wieder aufhören, und alles kommt mir noch schlimmer vor als vor den blöden Wünschen. Ich dachte, dass die Erfüllung der Wünsche mein Leben besser machen würde, aber schlimmer kann es eigentlich nicht mehr kommen. Ich verliere Scadge *und* Maus, weiß endlich, welche schrecklichen Gedanken Dad bei meinem Anblick hat, und Mum liegt immer noch im Bett.

Ich wische mir über das Gesicht und schließe langsam Scadges Tür. Dann schnappe ich mir meinen Rucksack und gehe die Treppe hinunter, durch den makellosen Flur zurück in die perfekte Küche. Währenddessen sage ich immer wieder »Das ist nicht fair«, lauter und immer lauter. »Das ist nicht fair. Das ist nicht fair. DAS IST NICHT FAIR!«

Wut macht sich in mir breit. Warum soll ich mich aus dieser Familie ausschließen lassen? Warum werde ich dauernd alleingelassen? Warum muss mein Leben so schwer sein?

Ich möchte ihr perfektes Haus verwüsten. Ich möchte Dad und Julie zeigen, dass ich wütend und verletzt bin und sie nicht ungestraft davonkommen lassen will.

Auf dem Schrank steht eine kleine Topfrose. Ich hebe sie hoch, und bevor ich es mir anders überlege, kippe ich das Ding um und sehe zu, wie die ganze Erde auf den weißen Teppich fällt. Für einen kurzen Moment empfinde ich Panik, aber dann fühlt es sich gut an, so als würde ich endlich für mich selbst einstehen. Ich fege die Früchte aus der Obstschale und stampfe die Mandarinen in den Boden. Dann leere ich den Mülleimer auf die Fliesen aus. Anschließend fülle ich meinen Rucksack randvoll mit Süßigkeiten und Keksen, Waffeln und Kuchen. Gierig stopfe ich all die Sachen hinein, die ich mir bei meinem eigenen Einkauf nie leisten kann. Ich finde ein paar Einkaufstüten und stopfe auch diese bis oben hin voll.

Als ich eine Flasche von dem Weichspüler *Sommer-*

brise entdecke, schraube ich den Deckel ab und atme den herrlich frischen Duft ein. Dann gehe ich damit zu dem perfekten Sofa und schütte die ganze Flasche darauf aus. Ich bin wie ein Tier, als hätte etwas Wildes von mir Besitz ergriffen. Doch dadurch fühle ich mich stärker, und mein Schmerz hat sich in etwas anderes verwandelt, etwas Mächtiges, das niemand ignorieren kann. *Ich lasse mich nicht so behandeln*, denke ich, als ich die leere Flasche quer durch den Raum werfe.

Zum Schluss betrachte ich zufrieden das Chaos, das ich angerichtet habe. Dann werfe ich mir meinen Rucksack über die Schulter und ziehe die Tür hinter mir zu.

Draußen auf dem Bürgersteig hole ich Lucas aus meiner Tasche und schreie laut in den Himmel: »Ich werde mir NIEMALS mehr etwas wünschen!«

Neunzehn

Es ist an der Zeit, dass du zu dem Menschen wirst, der du schon immer sein wolltest.

– Lucas Bailey

Es ist an der Zeit, so zu tun, als hätte ich die echt üble Sache, die ich gerade verbrochen habe, nicht getan.

– Archie Crumb

Ich erzähle niemandem, was ich getan habe, nicht einmal Maus. Zu Hause stelle ich das Telefon ab und beschließe, nicht an die Tür zu gehen. Mum macht ja sowieso nie auf.

Den gesamten Samstagabend lang warte ich darauf, dass Dad und Julie wutentbrannt zu uns kommen. Ich stelle mir vor, wie Julie wegen ihres versauten weißen Teppichs zetert und weint, wie Dad und sie sich streiten und entscheiden, was zu tun ist.

Aber nichts passiert, und als ich ins Bett gehe, wird mir klar, dass sie nichts unternehmen werden. Sie werden aufräumen und einfach mit ihrem perfekten Leben fortfahren. Und wahrscheinlich freuen sie sich jedes zweite

Wochenende, dass ich nicht auftauche. Das ist schließlich genau das, was sie wollten.

Als ich am Sonntag zum Abendessen zu Maus komme, merkt sie sofort, dass etwas nicht stimmt. Doch sie scheint zu denken, dass es an ihrem Umzug liegt, und ich lasse sie in dem Glauben. Wir sprechen über unseren Plan und die Besichtigungen. Das lenkt mich von Dad und Julie ab, und als wir uns später das Spiel ansehen und ein paar realistischere Spinnen basteln, denke ich, dass ich vielleicht auch ohne die beiden zurechtkomme. Ich muss nur dafür sorgen, dass ich nicht auch noch Maus verliere.

In den kommenden Tagen schrecken Maus und ich weiter die Leute ab, die sich das Haus ansehen wollen. Bei den nächsten beiden Besichtigungen geht unser Plan perfekt auf. Die zwei Paare rennen mit erschrockenen Gesichtern wieder zur Tür hinaus.

Doch am Dienstag geht alles schief.

Bei der ersten Besichtigung erzähle ich den Leuten etwas von einer kriminellen Jugendbande, die jeden Freitagabend direkt vor dem Haus Straßenkämpfe veranstaltet. Meine Abschreckung scheint zu funktionieren, denn sie gehen ängstlich hinein. Doch nach einiger Zeit kommt Maus heraus. Sie sieht aus, als hätte sie geweint, und ich weiß, dass etwas schiefgelaufen sein muss.

»Sie haben mich erwischt«, schluchzt sie. »Mum und Dad sind in mein Zimmer gekommen und haben den Hering gefunden.«

»O nein!«

»Es ist vorbei«, sagt sie. »Wir können genauso gut gleich aufgeben, Archie. Ich ziehe weg, und wir können nichts dagegen tun.«

»NEIN!«, rufe ich. »Das werde ich nicht zulassen. Deine Eltern haben bisher nur dich erwischt. Ich kann also immer noch weitermachen.«

»Okay, aber sei vorsichtig. Wir treffen uns später vorm Wettbüro.«

Ich fange das verhutzelte alte Ehepaar ab, das zur nächsten Besichtigung kommt, und erzähle ihnen etwas von lauten Hauspartys nebenan. Sie sehen ziemlich erschrocken aus, als sie auf das Haus zugehen. Um sie muss ich mir also keine Gedanken machen.

Eine Stunde später warte ich noch auf die letzten Opfer des Tages. Aber gerade, als das Ehepaar aus dem Wagen steigt und mit breitem Grinsen zum Haus aufschaut, kommt ein Polizist die Straße entlang. Er schlendert an mir vorbei und fragt: »Alles in Ordnung, Junge?«

»Ja«, sage ich und versuche, lässig zu klingen. Er muss unbedingt sofort verschwinden, damit ich mit dem Mann und der Frau sprechen kann, die bereits kurz vor dem Hauseingang sind.

Doch dann geht alles schief. Der Polizist nickt den beiden freundlich zu, woraufhin sie stehen bleiben und ihm die eine Frage stellen, die alles zunichtemacht.

»Hallo, Officer«, sagt der Mann. »Wir überlegen, in diese Gegend zu ziehen. Wie ist es hier so?«

»Ist es sicher?«, fügt die Frau hinzu.

Der Polizist lächelt. »Eine sicherere Straße als diese werden Sie nicht finden. Von hier kam noch kein einziger Beschwerde-Anruf. Es ist nicht die nobelste Gegend, aber ich sage Ihnen, hier ist es so sicher wie nirgendwo anders in dieser Gegend.«

»Aber die Nachbarn sind absolute Spinner!«, rufe ich panisch und zeige auf Mr und Mrs Stanleys Haus.

Alle drehen sich verwirrt zu mir um, und im selben Moment öffnet sich die Haustür der Stanleys, und sie kommen mit einem Tablett voller köstlich aussehender Brötchen heraus.

»Archie, wir haben dich den ganzen Nachmittag hier draußen gesehen – du bist bestimmt hungrig«, ruft Mr Stanley. »Nimm dir ein Brötchen. Sie natürlich auch gerne, Officer.«

Der Polizist nimmt sich zwei der größten Brötchen vom Tablett.

»Und Sie besichtigen wohl das Nachbarhaus«, fährt Mr Stanley fort. »Bedienen Sie sich.«

Ich lasse den Kopf in die Hände sinken, als die Stanleys anfangen, dem Ehepaar alles über die tolle Nachbarschaft zu erzählen, und alle lachend die blöden Brötchen essen.

Der Polizist tritt neben mich.

»Ich habe da eine Vermutung«, flüstert er zwischen zwei Bissen. »Du willst aus irgendeinem Grund nicht, dass das Haus verkauft wird. Liege ich richtig?«

Ich nicke kläglich und sehe zu, wie das Paar Mr und

Mrs Stanley zuwinkt und in Maus' Haus verschwindet, wobei sie aussehen wie zwei Menschen, die gerade ihr absolutes Traumhaus gefunden haben.

»Ist das dein Zuhause und du willst nicht umziehen, oder wohnen da Freunde von dir, die nicht wegziehen sollen?«, fragt der Polizist.

»Meine beste Freundin wohnt hier«, sage ich.

»Und nun bin ich aufgetaucht und habe deinen Plan zunichtegemacht?«

Ich nicke. Er muss ein ziemlich guter Polizist sein, wenn er auf all das so schnell gekommen ist.

»Ah, das ist hart, Kumpel. Tut mir leid. Aber ich musste ihnen die Wahrheit sagen, weißt du? Würde es helfen, wenn ich dir mein zweites Brötchen gebe?«

Ich schüttle den Kopf.

Später sitze ich auf der Mauer und starre mit leerem Blick ins Wettbüro. Dann halte ich Ausschau nach Maus, doch stattdessen sehe ich plötzlich Julie in ihren rosa Sportklamotten auf mich zujoggen.

Ich stehe sofort auf und gehe schnell in die andere Richtung. Hoffentlich hat sie mich nicht gesehen oder will mich genauso wenig sehen wie ich sie. Ich habe versucht zu vergessen, was ich in ihrem Haus angestellt habe. Da ich ohnehin nicht vorhatte, noch einmal zu ihr und Dad zu gehen, konnte ich mir beinahe einreden, dass das alles nicht passiert ist. Dass der Gedanke an Dads Worte nicht mehr wehtut.

Ich setze meine Kapuze auf und laufe, so schnell ich kann, ein paar Querstraßen weit. Doch als ich mich umdrehe, sehe ich sie winkend und rufend hinter mir herlaufen.

»Archie! Halt!«

Aber ich kann nicht anhalten! Wenn ich ihr in die Augen sehen muss, wird alles wiederkommen. Ich beginne zu rennen, aber sie verfolgt mich einfach weiter. So laufen wir gefühlt kilometerweit hintereinanderher. Mein Herz rast, und mein Brustkorb brennt – ich bin kein besonders guter Läufer. Als ich irgendwann das Gefühl habe umzukippen, bleibe ich stehen und stütze mich keuchend mit den Händen auf den Oberschenkeln ab. Julie kommt zu mir gelaufen, bleibt stehen und tut es mir gleich.

»Wow, nicht schlecht, Archie«, sagt sie zwischen zwei Atemzügen. »Ich dachte, du bleibst nie stehen!«

Ich weiß nicht, wo ich hinsehen soll. Mir ist das alles schrecklich peinlich. Am liebsten würde ich wieder loslaufen, aber erstens kann ich nicht mehr, und zweitens sollte ich mich vielleicht lieber für alles entschuldigen.

»Warum bist du mir nachgerannt?«, keuche ich.

»Ich bin extra diese Strecke gelaufen, weil ich gehofft hatte, dich zu treffen. Seit Samstag jogge ich jeden Tag hier lang, aber du warst nie da.«

»Ich habe einer Freundin geholfen«, sage ich und denke an Maus, die jetzt bestimmt auf der Mauer sitzt und sich fragt, wo um alles in der Welt ich bleibe.

Julie holt tief Luft. »Archie, wegen letzter Woche …«

»Tut mir leid, dass ich euer Haus verwüstet habe«, sage ich und blicke zu Boden.

»Nein, *mir* tut es leid, Archie.«

Ich schaue auf. »Was denn?«

»Alles. Dass ich dich nicht auf den Fotos haben wollte, die Sache mit dem Wohnwagen, dass wir deine Besuche abgesagt haben – alles.«

Ich sehe sie an und spreche es einfach aus. »Warum hasst du mich so?«

»Ich hasse dich nicht, Archie! Natürlich nicht. Ich war nur nervös – und etwas ängstlich, schätze ich. Ich habe keine Ahnung, wie ich mit dir umgehen soll. Stiefmutter zu sein, ist ein bisschen eigenartig, und ich weiß nicht, wie ich es richtig hinbekommen soll. Dir ist vielleicht schon aufgefallen, dass ich ein wenig perfektionistisch bin?«

»Ja, vielleicht ist es mir ein bisschen aufgefallen«, sage ich und lächle bei dem Gedanken an ihre makellosen weißen Teppiche.

Sie lächelt ein wenig traurig zurück. »Ich hatte solche Angst, alles falsch zu machen, dass ich aufgehört habe, es zu versuchen. Stattdessen habe ich alles dafür getan, dich fernzuhalten. Ich dachte, so wäre es … einfacher. Aber das war nicht fair, und du musstest erst mein Haus verwüsten, damit mir das klar wird.«

»Was ist mit Dad?«

»Dein Dad liebt dich sehr«, sagt sie. »Er ist nur nicht immer gut darin, seine Gefühle auszudrücken. Aber er hat jeden Tag versucht, dich anzurufen …«

»Ich will nicht mit ihm reden«, sage ich schnell.

Sie nickt. »Das müsst ihr zwei unter euch klären. Ich wollte mich trotzdem direkt bei dir entschuldigen – unabhängig von deinem Dad. Scarlett … Scadge … liebt dich auch sehr, weißt du?«

»Ich hab sie auch lieb. Sie ist der witzigste Mensch, den ich kenne.«

Julie lacht. »Das ist sie wirklich.«

Wir stehen eine Weile schweigend nebeneinander, und gerade als ich denke, dass Julie gleich ihren Lachseufzer ausstoßen wird, sagt sie: »Neulich wollte sie die Mülltonne in ein Einhorn verwandeln, und als sie versucht hat, darauf zu reiten, ist sie reingefallen!«

»Weißt du noch, als du im Garten in die Einhorn-Kacke gefallen bist?«, frage ich und kichere bei der Erinnerung daran.

»O Gott, das war schrecklich! Dieses Kleid war ruiniert!«, sagt sie und versucht, nicht zu lachen.

»Du warst so sauer.«

»Natürlich! Da stand ein kackendes Pony in meinem Garten!«

»Ich glaube, wenn du Scadge fragst, wirst du feststellen, dass es ein Einhorn war!«

»Wolkenglitzerzauber die Dritte!«, sagen wir wie aus einem Mund.

Nach kurzem Schweigen fügt sie sanft hinzu: »Du und dein Dad, ihr werdet das schon miteinander regeln.«

Ehrlich gesagt bin ich mir da nicht so sicher, aber das

sage ich ihr nicht. Ich weiß nur eins: Ich werde nie wieder zulassen, dass Dad mich derart zum Heulen bringt.

»Okay, Julie, ich muss wieder zurück zur Mauer. Ich war dort mit meiner Freundin verabredet, und sie wird sich wundern, wo ich bin.«

Sie begleitet mich noch zurück zum Wettbüro, und währenddessen erzählen wir uns von Scadge und ihren Einhorn-Abenteuern. Das ist das erste Mal, dass ich mich ganz normal mit Julie unterhalte, und sie stößt kein einziges Mal den Lachseufzer aus. Vielleicht ist sie ja doch nicht so übel.

Ich winke ihr nach, als sie fortjoggt, und gehe hinüber zu Maus, die wie erwartet auf der Mauer sitzt. Meine gute Laune verschwindet, als ich sie und Flump niedergeschlagen dasitzen sehe, und ich weiß sofort, dass die Hausbesichtigung viel zu gut gelaufen ist.

»Sie waren begeistert«, schnieft Maus. »Sogar das türkise Bad hat ihnen gefallen. NIEMAND mag das türkise Bad. Was hast du ihnen erzählt? Was es auch war, es hat überhaupt nicht geholfen.«

Ich erzähle ihr von dem Polizisten und den Brötchen.

»Kein Wunder, dass es ihnen gefallen hat«, sagt sie, als ich fertig bin. »Das klingt wie eine Szene aus einem alten Kitschfilm! Der freundliche Polizist und die perfekten Nachbarn! Was sollen wir denn jetzt tun, Arch? Meinst du, wir sollten doch einen deiner Wünsche verwenden?«

»Ich kann nicht. Es ist zu gefährlich«, sage ich und denke an die Vorfälle in Dads Haus, als mein Wunsch nach hinten losging. »Wenn ich mir wünsche, dass du nicht umziehst, endet das vielleicht damit, dass du für den Rest deines Lebens hier festsitzt. Oder wenn ich mir wünsche, dass die Leute, die das türkise Bad lieben, ihr Angebot zurückziehen, macht am nächsten Tag einfach jemand anders ein Angebot. Bei den Wünschen können wir nicht alles kontrollieren, Maus. Mir ist klar geworden, dass ich einfach herausfinden muss, wie ich die Dinge selbst in die Hand nehme, anstatt mich auf irgendwelche dummen Wünsche zu verlassen.«

Maus nickt traurig. »Dann ziehe ich wohl aufs Land.«

Sie legt ihren Kopf auf meine Schulter, und wir starren beide in das erleuchtete Wettbüro.

Zwanzig

Lass dir nicht von anderen vorschreiben, wer du bist, sondern hör auf deine eigene Stimme.

– Lucas Bailey

Ich mag meine Stimme nicht. Beim Sprechen ist sie hoch und leise, und vom Singen will ich gar nicht erst anfangen!

– Archie Crumb

Als ich nach Hause komme, steht Rosemary vor unserer Tür.

»Oh, Archie, ich habe gerade mehrmals bei euch geklingelt. Ist deine Mum nicht da?«

»Nein«, lüge ich. »Sie ist einkaufen gegangen.«

»Okay, Liebes. Wie geht es dir?«

So, wie Rosemary die Frage stellt, habe ich das Gefühl, dass sie wirklich wissen möchte, wie es mir geht. Das ist nicht das übliche bedeutungslose »Wie geht's«. Ich muss wieder an meinen letzten Wunsch denken. Was würde passieren, wenn ich jedes Mal ehrlich auf diese Frage antworten würde:

»Ich habe eine Blase am großen Zeh, weil meine Schuhe reiben. Außerdem kommt Wasser durch die Sohlen, sodass meine Socken ständig nass sind. Ach ja, und mein Dad ist ein Lügner, weshalb ich beschlossen habe, dass ich ihn nicht mehr sehen will. Und meine Mum liegt seit einem Jahr praktisch nur noch im Bett. Und wie geht's dir?!«

Der netteste Mensch auf der Welt würde wahrscheinlich nicht wissen, wie er mit alldem umgehen sollte. Deshalb ist es meiner Erfahrung nach am besten, zu nicken und »Gut, danke« zu sagen. Doch als ich Rosemary genau das antworten will, fällt mir auf, dass ich damit ein Lügner wäre, genau wie mein Vater. Denn es geht mir nicht gut, und ich verschweige, was wirklich vor sich geht. Was das betrifft, lüge ich ständig. Gegenüber den Lehrern, gegenüber Maus und Zoe, gegenüber Rosemary und vielleicht auch gegenüber mir selbst.

Aber die Wahrheit ist auch gefährlich, wie ich nun aus eigener Erfahrung weiß. Woher soll man wissen, wann es richtig ist, die Wahrheit zu sagen? Wann ist es in Ordnung, um Hilfe zu bitten?

Rosemary beugt sich ein wenig vor, damit sie mir in die Augen sehen kann.

»Wir machen uns ein bisschen Sorgen um dich, Archie«, sagt sie. »James sagte, deine Mum sei krank. Und ich habe sie seit Monaten nicht mehr gesehen.«

Ich bin kurz davor, ihr die Wahrheit zu sagen, aber dann denke ich an Mums Verbot, jemandem von ihren Problemen zu erzählen, also flüstere ich: »Uns geht es gut.

Meine Mum war krank, und jetzt hat sie viel zu tun. Ich gehe besser rein, ich muss noch Hausaufgaben machen. Tschüs.«

Schnell schließe ich die Tür auf und mache sie mit klopfendem Herzen hinter mir zu. Ich kann nicht glauben, dass ich mich fast verplappert hätte. Was ist nur mit mir los? Mum wäre so sauer. Sie braucht nur ein bisschen mehr Zeit, das weiß ich.

Ich renne die Treppe hinauf und stecke den Kopf durch ihre Tür. »Hi, Mum.«

»Hallo, mein Schatz. Wie war dein Tag?«

»Okay«, sage ich und überlege, ob ich ihr von Maus' Umzug erzählen soll. Aber daran will ich jetzt nicht denken, also berichte ich ihr stattdessen von Rosemary.

»Sie hat gefragt, wie es dir geht«, sage ich und setze mich auf das Ende des Bettes.

Mum runzelt die Stirn. »Und was hast du gesagt, Schatz?«

»Nur, dass du viel zu tun hast, aber sie macht sich anscheinend Sorgen um uns.«

»Neugierige alte Schachtel.«

»Nein, sie ist nett, Mum, ehrlich. Neulich hat sie mich ihre Toilette benutzen lassen.«

»Ich will nicht, dass sie ihre Nase in unsere Angelegenheiten steckt, Archie. Uns geht es doch gut, oder? Und ich werde bald wieder ganz fit sein, das spüre ich.«

Bevor sie weitere Versprechungen macht, wechsle ich schnell das Thema. »Ich bin bei dem Fußballturnier in ein paar Wochen Ersatzspieler. Wir spielen im Valley-Stadion. Das wird bestimmt großartig. Sogar Lucas Bailey wird dort sein!«

»Das ist toll, mein Liebling«, sagt sie, aber ich merke, dass sie nicht wirklich zuhört. Ihre Gedanken drehen sich bereits wieder um ihre Krankheit, also stehe ich auf.

»Soll ich dir gleich was zu essen bringen?«, frage ich.

»Danke, mein Schatz. Du bist so lieb. Es tut mir leid, dass ich so wenig helfe.«

Ich stürze aus dem Zimmer, bevor ich von ihrer Traurigkeit eingefangen werde.

In der Schule ist es eigentlich gar nicht so übel, seit Maus und ich wieder Freunde sind. In der Pause verkaufen wir Aufkleber, und ich verdiene mir so ein bisschen Taschengeld. Allerdings können wir das nur in der großen Pause machen, denn Mr Fell lässt die Fußballmannschaft seit dieser Woche in jeder Mittagspause trainieren. Er sagt, wir müssten bis zum Turnier »in Höchstform« kommen.

Als Ersatzspieler sitze ich meistens nur dabei und schaue zu, was ich ja gewohnt bin. Ich rufe den anderen motivierende Sprüche zu und sage ihnen, wie gut sie sich machen. Mr Fell findet, dass ich ein »toller Motivator« bin, und bittet mich sogar, jeden Tag vor dem Training eine Ansprache an das Team zu halten. Eigentlich brülle ich dabei immer nur ein paar der Zitate von den Aufklebern, aber alle scheinen zuzuhören. Es fühlt sich gut an, so als würde ich etwas zum Team beitragen.

Heute setzt sich Maus neben mich.

»Die Leute, die das türkise Bad mochten, haben gestern ein Angebot gemacht«, sagt sie.

»Heißt das, ihr zieht definitiv weg?«, frage ich.

»Ja, anscheinend wollen meine Eltern so bald wie möglich umziehen, also werden wir wohl in ein paar Wochen weg sein. Ich kann nicht mal zum Turnier kommen, weil wir uns an dem Wochenende Häuser ansehen.«

Sie sieht so traurig aus, dass ich mich ganz schrecklich fühle. Ich möchte irgendetwas für sie tun.

»Soll ich doch meinen letzten Wunsch verwenden?«, frage ich.

»Ich dachte, du hättest damit aufgehört?«

»Das habe ich auch. Mein Wunsch mit der Wahrheit ist furchtbar nach hinten losgegangen, aber wenn du willst, mache ich es.«

Maus sieht mich an. »Und wenn du dir stattdessen wünschst, dass wir für immer Freunde bleiben?«

Ich grinse sie an. »Dafür brauchen wir keinen Wunsch. Wir bleiben immer Freunde … egal wo du wohnst.«

»Wenn das so ist, vergiss die doofen Wünsche! Du bist ziemlich weise, Archie Crumb, weißt du das?«

Obwohl ich weiß, dass Maus bald weggeht, fühle ich mich in diesem Moment gut. Die Sonne scheint, ich kann mein Team anfeuern, und meine beste Freundin ist bei mir. Tatsächlich gibt es nichts, was ich in diesem Augenblick ändern wollen würde. Ich bin wunschlos glücklich.

Als die Mannschaft mit dem Training fertig ist, versammelt Mr Fell uns alle um sich und verteilt Briefe.

»Okay, Jungs. Ihr habt natürlich jede Menge Familie und Freunde, die euch in einem der größten Stadien des Landes spielen sehen wollen. Da ihr in der Mannschaft seid, bekommt ihr ermäßigte Karten. Man kann zwar auch Tickets vor Ort kaufen, aber dann sind sie teurer, also empfehle ich, dass ihr über die Website bestellt. Der gesamte Erlös des Turniers wird für einen wohltätigen Zweck gespendet, also macht ordentlich Werbung. Ich möchte, dass die Tribüne mit den besten Fans aller Zeiten besetzt ist. Wir wollen Transparente, Trommeln, Trikots und alles, was dazugehört, sehen. Verstanden?«

Als ich den Umschlag öffne und den Brief darin lese, rutscht mir das Herz in die Hose. Jedes Ticket kostet zwanzig Pfund! Das kann sich meine Mum unmöglich leisten. Ich seufze leise. Gut, dass sie sowieso nicht kommen will. Jetzt bin ich erst recht froh, dass ich nur Ersatzspieler bin, denn ich möchte nicht auf dem riesigen Spielfeld stehen und niemanden haben, der mich anfeuert. Dad, Julie und Scadge mag ich nicht einladen, auch wenn meine kleine Schwester mich wahrscheinlich begeistert anfeuern würde. Auf dem Weg zurück ins Klassenzimmer werfe ich den Brief in den Papierkorb.

Einundzwanzig

Du hast immer die Möglichkeit, dich neu zu erfinden.

– Lucas Bailey

Ehrlich gesagt wäre ich schon mit einer neuen Hose zufrieden. Diese hier ist nämlich viel zu eng.

– Archie Crumb

Die folgende Woche vergeht wie im Flug. Ich trainiere jeden Tag (okay, die meiste Zeit schaue ich den anderen beim Training zu und feuere sie an), und nach der Schule gehen Maus und ich die Sachen in ihrem Zimmer durch. Ihre Eltern wollen beim Umzug kein unnötiges Zeug mitnehmen, also verbringen wir jeden Tag mit Saft und Keksen in ihrem Zimmer. Ich halte Teddys oder Bücher hoch, und sie sagt Ja oder Nein. Dann werfe ich das Zeug auf den richtigen Stapel. Und alles, was auf dem Ausmist-Stapel landet, kann ich haben, wenn ich will. Bisher habe ich mir schon einen riesigen Stapel Bücher, zwei Fußballtrikots und eine Menge Spiele ausgesucht.

Gerade sitze ich mit Flump auf dem Schoß wieder auf

Maus' Teppich und halte eine leere Spardose in Form eines Elefanten hoch. Maus sagt »Nein«, und ich lege sie auf den Ausmist-Stapel.

»Weißt du was, vielleicht sollte ich die mitnehmen«, sage ich. »Ich verdiene eine ganze Menge mit dem Verkauf der Aufkleber und brauche etwas, wo ich all das Geld verstauen kann!«

Der Sticker-Verkauf ist inzwischen ein großes Geschäft, das sich in der ganzen Schule herumgesprochen hat. Alle wissen, wo sie mich finden und dass ich faire Preise habe. Ich verkaufe fünf Päckchen für ein Pfund, das ist viel billiger als in den Geschäften. Jayden Thomas hat mir einmal fünfundzwanzig Päckchen abgekauft und wollte sie dann für mehr Geld weiterverkaufen. Er hat ein Pfund für drei Packungen verlangt, worauf sich natürlich niemand eingelassen hat – abgesehen von Felix Ratton, der aber nur bezahlte, weil Jayden ihn im Schwitzkasten hatte. So macht man keine Geschäfte. Ich habe noch nie einen Ladenbesitzer gesehen, der jemanden in den Schwitzkasten nimmt, um ihn zu zwingen, ein Brot zu kaufen.

Ich muss allerdings auch aufpassen, dass ich beim Verkaufen nicht erwischt werde, denn Mrs Mather hat davon Wind bekommen und mit der ganzen Klasse über »illegalen Handel auf dem Schulgelände« gesprochen, was sich viel schlimmer anhört, als es ist. Also sorge ich dafür, dass es so aussieht, als würde ich mich mit meinen Käufern unterhalten. Währenddessen stecke ich ihnen heimlich die Aufkleber in die Tasche. Das Geld sollen sie an meinem Platz verstecken. Davor habe ich manchmal versucht, diese coole Bewegung zu machen, bei der man jemandem die Hand schüttelt und dabei das Geld bzw. die Aufkleber unbemerkt übergibt, aber es hat dauernd nicht geklappt. Hayden Phillips hat mich einen Spinner genannt, und Dan Dore hat dabei zwei Pfund in Münzen fallen lassen, die klimpernd überallhin rollten.

»Was willst du mit deinem illegal verdienten Geld eigentlich machen?«, fragt Maus.

»Keine Ahnung. Früher habe ich mein ganzes Geld für Aufkleber ausgegeben, aber das macht jetzt keinen Sinn mehr. Vielleicht kaufe ich Mum ein Geschenk.«

Wir sortieren weiter Sachen auf die beiden Stapel. Als wir zu Maus' Glückstrikot kommen, hält sie es hoch und lächelt.

»Hast du schon auf die Website der Schule geschaut?«

»Nein, wieso?«

»Da ist meine Rede drauf. Miss Crowther hat sie mit ihrem iPad gefilmt.«

»Ich dachte, sie hat gar nicht hingesehen.«

»Ich auch, aber offenbar hat sie sehr genau hingeschaut. Sie sagte, es sei eine der besten feministischen Reden, die sie je gehört hat, und dass alle sie sehen sollten. Nur schade, dass es für das Turnier zu spät ist. Aber das ist jetzt auch egal, ich kann ja sowieso nicht hin. Zumindest werden noch mehr Leute sie anschauen können. Vielleicht ändert sich dadurch beim nächsten Mal etwas, und Mädchen bekommen eine faire Chance.«

Ich strahle sie an. »Das ist echt cool, Maus. Ich hab's dir ja gesagt, niemand kann dich übergehen. Man muss den Leuten immer sagen, was man denkt. Ich wünschte, ich wäre auch wie du.«

»Weißt du was, Archie«, sagt sie, während sie das Fußballtrikot faltet und auf den Behalten-Stapel legt. »Ich habe nachgedacht. Es gibt etwas, das ich dir gern schenken würde. Ich weiß, dass du manchmal einsam bist, und ich möchte, dass du eine Erinnerung an mich hast.«

»Ich habe doch schon einen riesigen Haufen von Erinnerungen«, sage ich und zeige auf meinen Stapel.

»Bücher und Spielzeug können dir aber keine Gesellschaft leisten, oder? Ich will, dass du einen Freund hast.« Sie hält inne und atmet tief ein. »Ich möchte, dass du Flump bekommst.«

Ich blicke auf Flumps weißes Fell hinab. »Du kannst mir doch nicht Flump schenken! Sie ist dein Lieblingshaustier.«

»Sie ist auch *dein* Lieblingshaustier, und sie liebt dich. Wenn du Flump bei dir hast, ist es ein bisschen so, als wäre ich noch da.«

Ich streichle Flumps weichen kleinen Körper und versuche, das traurige Gefühl in meiner Brust zu verdrängen.

»Noch bist du ja nicht weg, also lass uns mal abwarten«, sage ich und drücke Flump etwas fester an mich.

Am folgenden Samstag ist der letzte Tag vor dem Turnier. Vor dem Abschlusstraining ruft Mr Fell uns alle zusammen.

»Gut, Jungs, morgen ist es so weit. Ich wollte euch nur sagen, dass ich stolz darauf bin, wie hart ihr gearbeitet habt, und ich werde stolz auf euch sein, egal wie wir abschneiden. Wie ihr vielleicht wisst, ist Henry Bude krank und fällt somit für das Turnier morgen aus. Da wir dadurch einen Spieler zu wenig in der Mannschaft hätten, habe ich mich dazu entschieden, nachträglich Archie Crumb ins Team zu holen.«

Ich blicke erschrocken auf, sehe aber in diesem Moment den anderen Archie grinsend hinter Mr Fell hervortreten.

»Hey, Leute! Ich freu mich, morgen dabei zu sein, und werde mein Bestes geben.«

Die anderen flüstern alle »Ja!« und recken ihre Fäuste. Jeder weiß, wie gut Archie ist.

Mr Fell fährt fort: »Wir haben also eine wirklich starke Mannschaft und außerdem unsere wunderbaren Ersatzspieler auf der Bank sitzen, falls wir morgen ausgeruhte Beine brauchen.«

Jayden Thomas sieht mich an und flüstert: »Pech gehabt, Crumby!«

Mr Fell wirft ihm einen scharfen Blick zu und redet weiter. »Heute Morgen habe ich eine E-Mail erhalten. Es wird ein Fernsehteam im Stadion sein, und das Spiel wird live auf BBC übertragen.«

Als ich das höre, bin ich erst recht erleichtert, dass ich nicht auf dem Platz stehe. Das Letzte, was ich möchte, ist, dass mein Versagen gefilmt wird, damit die ganze Welt darüber lachen kann.

Dann sagt Mr Fell: »Okay, Jungs. Lasst uns einfach ein gutes letztes Training absolvieren und morgen positiv und geschlossen ins Spiel gehen. Das wird ein großer Moment für uns alle. Archie, bekommen wir noch ein paar weise Worte von dir, damit wir bis morgen durchhalten?«

Ich denke an das Zitat auf der Rückseite der letzten Aufkleber-Packung, die ich verkauft habe.

»›Euer einziges Limit ist die Grenze eurer Vorstellungskraft.‹ Wenn ihr nicht glaubt, dass wir morgen gewinnen können, haben wir keine Chance. Also schließt die Augen und stellt euch vor, wie wir diesen Pokal in Händen halten.« Ich schaue in die Runde, und tatsächlich haben alle die Augen geschlossen, also fahre ich fort. »Stellt euch genau vor, wie ihr das Siegtor schießt, und wenn ihr es deutlich vor Augen habt und wirklich daran glaubt, ist es möglich. Ich glaube daran. Um ehrlich zu sein, glaube ich nach den letzten Wochen, dass *alles* möglich ist! Kommt schon, Valleybrook, WIR KÖNNEN DAS SCHAFFEN!«

Alle fangen an zu jubeln und sich gegenseitig auf die Schultern zu klopfen.

»Schön gesagt, Archie.« Der andere Archie Crumb lächelt zu mir herab.

Als wir alle anfangen, uns aufzuwärmen und zu dehnen, schaue ich mir die anderen an. Abgesehen von meinen

Motivationsreden spreche ich kaum mit ihnen. Vielleicht sollte ich mich ein bisschen mehr anstrengen, jetzt, wo Maus weggeht. Ich habe nie versucht, andere Freunde zu finden, denn ich hatte ja immer sie. Außerdem dachte ich, dass sich außer ihr niemand mit mir abgeben will, aber vielleicht stimmt das ja gar nicht. Vielleicht habe ich mir das nur eingebildet und es deshalb wahr werden lassen. Ich sehe Dan Dore an und denke an die vielen Male, die er mich in der Mittagspause gefragt hat, ob ich mitspielen will.

Kurz entschlossen jogge ich zu ihm rüber und frage ihn: »Freust du dich auf morgen?«

»Ja«, sagt er. »Und du?«

»Ja, ich kann es kaum erwarten, Lucas Bailey zu treffen.«

»Ich auch. Meine ganze Familie kommt, sie haben ein riesiges Plakat gemalt.«

Ich lächle. »Außerdem läuft das Turnier im Fernsehen – so können sie es immer wieder anschauen!«, sage ich.

»Ich weiß! Meine Mum hat für danach einen Kuchen in Form eines Fußballs gebacken. Die spinnt total.«

Nach dem Aufwärmen gehe ich zur Bank und sehe zu, wie die anderen Elfmeter schießen. Im Tor steht Milan Finch. Er ist supergut und hat überhaupt keine Angst. Jedes Mal, wenn der Ball in seine Richtung fliegt, scheint er genau zu wissen, wo er hinspringen muss. Das ist ein bisschen so wie bei mir, als der Wunschzauber einsetzte, aber bei ihm klappt es immer.

Gerade als Dan aufsteht, um seinen Elfmeter zu schießen, spüre ich einen scharfen, kalten Luftzug im Nacken, der mich erschauern lässt. Und plötzlich fühlt es sich an, als würde gleich etwas passieren.

Ich denke an meinen Wunsch zurück und versuche, mich an meine Worte zu erinnern. Ich habe mir gewünscht, an dem Turnier *teilzunehmen.* O nein! Ich habe mir nicht gewünscht, auf der Bank zu sitzen, die anderen anzufeuern und inspirierende Zitate zu rufen, oder? Panik durchströmt mich. Vielleicht ist mein Wunsch noch nicht ganz erfüllt.

Wie erstarrt beobachte ich, wie Dan den Ball mit voller Wucht in Richtung der oberen linken Ecke des Tors schießt und Milan sich lang gestreckt vom Boden abstößt. Seine Finger streifen den Ball gerade noch, bevor dieser hinter ihm ins Netz fliegt. Dann verdreht sich Milans Körper in der Luft, während er zu Boden geht. Ich kann es sehen, bevor es passiert. Sein linker Arm kommt hart unter seinem Körper auf, und jeder kann das Geräusch hören.

KNACKS.

Milan schreit auf, und sein Gesicht sagt alles. Der Arm ist gebrochen. Am Tag vor dem Turnier.

»NEIN!«, rufe ich, während alle das Tor umringen.

Zwei Stunden später ist Milan geröntgt worden, und Mr Fell trommelt uns vor dem Ende des Trainings alle zusammen.

»Also, Jungs, ich habe leider eine schlechte Nachricht. Milan hat sich das Handgelenk gebrochen und wird morgen nicht spielen können. Die gute Nachricht ist, dass wir einen fantastischen Ersatzspieler haben, stimmt's, Archie?«

Ich höre einige der anderen leise stöhnen.

Mr Fell schaut sie wütend an. »Es reicht, Jungs. Archie hat sich seinen Platz in der Mannschaft verdient, genauso wie ihr alle. Er hat beim Vorspielen spektakulär ein Tor verhindert, und ich bin mir sicher, dass er morgen ebenso fantastisch halten wird. Ich hoffe, du hast Fans dabei, Arch? Das wird ein ziemlich großer Tag!«

Ich schlucke. »Sir, ich bin mir nicht sicher, ob ich der Richtige bin …«

»Unsinn, Archie. Du bist bestimmt nervös, aber du gehörst nicht ohne Grund in dieses Team. Jetzt kannst du deine Mitspieler vom Spielfeld aus anfeuern und nicht nur von der Seitenlinie. Dein Enthusiasmus macht einen großen Unterschied, vergiss das nicht.«

Vielleicht sollte ich mir wünschen, die Zeit zurückzudrehen, und alle meine Wünsche rückgängig machen, denke ich panisch. Aber dann erinnere ich mich an die letzten paar Wochen zurück. An die Kiste mit James' Sachen, an mein mit Aufklebern vollgestopftes Zimmer, an Maus und mich im Eiswagen, an Scadges Gesicht, als ich sie auf das Einhorn-Pony hob, und an das ehrliche Gespräch mit Dad. Auch wenn das Wünschen nicht immer so funktioniert hat, wie ich es wollte, hat es mein Leben viel interessanter gemacht. Ich bin mir nicht sicher, ob ich alle Wünsche zurücknehmen möchte.

Als wir an diesem Nachmittag bei Maus alle meine Sachen in einen großen Karton packen, erzähle ich ihr von Milans Verletzung.

»Ich bin also im Tor«, sage ich leise, weil ich weiß, wie sehr sie in der Mannschaft sein wollte. Aber es scheint sie überhaupt nicht zu ärgern.

»Ich kann nicht glauben, dass ich dich dabei nicht sehen werde, Archie! Geht deine Mum hin?«

»Nein«, sage ich. »Das ist wahrscheinlich auch besser so, ich werde mich nur blamieren.«

Maus seufzt. »Wenn du das denkst, passiert es auch. Du musst an dich glauben, Archie. Ich habe deine Team-Ansprachen gehört, aber die nützen nichts, wenn du selbst nicht daran glaubst.«

Ich weiß, dass Maus recht hat. Was das angeht, bin ich beinahe wie Mum. Ich sage die richtigen Dinge, ändere aber nicht wirklich etwas an meiner Situation. Trotzdem gibt es bei mir ein kleines Problem.

»Aber ich bin mies im Fußball. Das ist eine Tatsache.«

»Zugegeben, du bist nicht der Beste, ABER du wirst auch nicht besser, indem du dir immer wieder sagst, wie schlecht du bist. Wenn du daran glaubst, dass du es kannst, wirst du es vielleicht auch können. Wenn du es dir nicht wünschst, kann es nicht wahr werden, oder?«

»Erzähl mir nichts von Wünschen, Maus! Du weißt, wozu die geführt haben!«

Als ich mit meiner riesigen Kiste nach Hause gehe, denke ich darüber nach, was Maus gesagt hat und was ich dem Rest des Teams erzählt habe. Wird ein Ereignis wahrscheinlicher, wenn man fest daran glaubt? Ich stelle mir vor, wie mir meine Mum im Fußballstadion zusieht und laut klatscht. Ich stelle mir vor, wie ich ein Tor verhindere und der Rest der Mannschaft mich auf die Schultern hebt. Ich stelle mir vor, wie Scadge und Dad ein großes Plakat halten, auf dem steht: »LOS, ARCHIE! LOS!«, und ich stelle mir vor, wie Maus das Siegtor schießt.

Ich weiß, dass das alles nicht wahr werden kann, aber allein die Vorstellung macht mich glücklich. Vielleicht ist das schon Grund genug, sich etwas zu wünschen oder darauf zu hoffen, einfach weil man sich dabei gut fühlt. Selbst wenn ein Wunsch nicht so in Erfüllung geht, wie man sich das vorgestellt hat, oder vielleicht auch gar nicht wahr wird, sollte man vielleicht trotzdem nie aufhören, es weiter zu versuchen. Niemals aufhören, von dem zu träumen, was man sich wünscht.

Ich stolpere mit meinem Karton nach Hause und halte das Bild des Stadions voller Menschen, die ich kenne und die alle meinen Namen rufen, in meinem Kopf fest, und es fühlt sich beinahe real an.

»Mach mal ein bisschen Platz, Crumby. Du versperrst den ganzen Bürgersteig.«

Bella funkelt mich an, als ich die Kiste sinken lasse und zur Seite trete. Ich habe sie noch nie in meiner Straße gesehen, und ich habe sie auch noch nie allein getroffen. Als sie an mir vorbeigeht, fällt mir auf, dass sie einen Kapuzenpullover mit der Aufschrift *Valley Gymnastics* trägt.

»Warst du beim Turnen?«, frage ich.

Stirnrunzelnd hält sie inne. »Ja. Und?«

»Ich bin einfach froh, dass du hingegangen bist.«

Sie dreht sich um und geht weiter. »Du bist so komisch, Crumby.«

Ich denke daran, wie mies ihr Vater sie behandelt hat und wie einsam sie im Auto aussah, und rufe ihr hinterher: »Ich habe gesehen, wie dein Vater über dich gelacht hat.«

Sie bleibt wie angewurzelt stehen.

Ich merke, wie angespannt sie ist, und fahre fort: »Ich finde, du solltest weiter zum Turnen gehen und ihm beweisen, dass es nichts zu lachen gibt.«

Sie dreht sich um und sieht mich direkt an. An ihrem Schweigen erkenne ich, dass sie gerade darüber nachdenkt, ob sie stark bleiben und mich vernichten oder die Wahrheit sagen soll. Dann holt sie tief Luft und entscheidet sich für die Wahrheit.

»Das Problem ist, Crumby, dass er recht hat. Ich bin total schlecht.«

»Natürlich bist du das. Du hast ja gerade erst angefangen. Außerdem kann man auch Spaß an etwas haben, wenn man nicht gut darin ist. Sieh dir mich beim Fußballspielen an.«

»O mein Gott, dass ich so schlecht bin, glaube ich nicht!«

Wir kichern beide, dann reißt sie sich zusammen und setzt wieder eine finstere Miene auf.

Ich riskiere noch eine Frage. »Glaubst du, du wirst dich irgendwann wieder mit Bea vertragen?«

»Ich bezweifle es«, sagt sie.

»Weißt du, dass Maus umzieht?«

Sie zuckt mit den Schultern und schüttelt den Kopf.

»Du und Bea, ihr seid schon so lange befreundet wie ich und Maus. Ich weiß noch, dass ihr früher immer dieselbe Frisur hattet – diese riesigen blauen Schleifen.«

Sie lächelt, auch wenn sie versucht, es zu verbergen.

Ich sehe ihr direkt in die Augen. »Es geht mich zwar nichts an, aber ich weiß, wie es ist, seine beste Freundin zu verlieren, und wenn ich etwas tun könnte, um das zu verhindern, würde ich es tun. *Du* kannst etwas tun.«

»Vielleicht …«, sagt sie langsam, doch dann schüttelt sie den Kopf, als wäre ein Zauber gebrochen. »Wie auch immer, das Ganze geht dich nichts an, Archie. Ich muss jetzt gehen. Ich will nicht, dass uns jemand zusammen sieht.«

Damit marschiert sie die Straße hinunter. Doch nach ein paar Metern dreht sie sich noch einmal um und sieht mich aufmerksam an. Dann schlägt sie ein ziemlich schlechtes Rad, hebt beide Arme in die Luft und ruft: »Danke, Archie!«

Zweiundzwanzig

Tu alles, was du tust, mit viel Liebe.

– Lucas Bailey

Einmal habe ich Mums Toast in Herzform geschnitten. Und das verbrannte Stück habe ich mit Marmelade bestrichen.

– Archie Crumb

Als ich heimkomme, steht Mum in der Küche.

»Hallo, mein Schatz, wie war dein Tag?«

Sie wirkt anders, irgendwie fröhlicher, und ich frage mich, ob es endlich so weit ist. Vielleicht geht es ihr ab heute wieder besser. Als ich sie ansehe, wie sie mich in ihrem Morgenmantel anlächelt, keimt Hoffnung in mir auf, und diesmal verdränge ich sie nicht, sondern freue mich darüber, dass Mum vielleicht die Kurve kriegt.

»Du siehst gut aus, Mum!«

»Was? In diesem alten Ding!« Sie dreht sich einmal in ihrem Morgenmantel, und wir lachen beide.

»Weißt du was?«, sage ich. »Ich bin beim Turnier morgen in der Mannschaft! Milan hat sich den Arm gebrochen, und deshalb bin ich im Tor!«

»Das ist ja genial, Archie! Natürlich nicht für den armen Milan. Was ist das für ein Turnier?«

»Ich hab dir davon erzählt, Mum, das Turnier für Schulen im Valley-Stadion. Das mit Lucas Bailey und Tausenden von Zuschauern! Es wird sogar live im Fernsehen übertragen!«

»O mein Gott, das klingt ja aufregend. Ich finde, das muss gefeiert werden! Sollen wir Ravioli essen?«

»Ja!«, sage ich und habe das Gefühl, dass dieser Tag nicht mehr besser werden kann. Vielleicht ist Hoffnung ja gar keine so schlechte Sache.

Mum holt eine Dose Ravioli aus dem Küchenschrank. »Wenn es live im Fernsehen läuft, kann ich dich doch sehen, oder? Könntest du den Fernseher nach dem Abendessen wieder nach unten tragen?«

Meine gute Laune bekommt einen kleinen Dämpfer. Ich hatte gehofft, dass sie das Haus verlassen und für mich dort erscheinen würde.

»Du könntest ins Stadion kommen«, flüstere ich. »Bei allen anderen ist die ganze Familie zum Anfeuern dabei.«

Es entsteht eine Pause, und ich höre sie seufzen, als sie die Schüssel in die Mikrowelle stellt. Atemlos warte ich auf ihre Antwort.

»Archie, ich würde ja gerne, aber ich bin dazu einfach noch nicht in der Lage. Nicht im Moment.«

Ich nicke und setze mich schweigend an den Tisch, aber dabei verändert sich irgendetwas in mir. Vielleicht liegt es daran, was in den letzten Wochen alles passiert ist: das Hin und Her mit den Wünschen, dass Maus weggeht und mein ehrliches Gespräch mit Dad. Ich will mir nicht mehr alles gefallen lassen, nicht von Dad und auch nicht von Mum. Ich habe es satt, mir ständig ein schlechtes Gewissen einreden zu lassen, wenn ich sie um einen Gefallen bitte.

»Wann denn dann, Mum?«, höre ich mich sagen. »Wenn es dir jetzt nicht gut genug geht, um mich zu unterstützen, und es dir im letzten Jahr nicht gut genug ging, wann bist du denn dann wieder in der Lage dazu? Wann habe ich endlich wieder jemanden, der mich anfeuert?«

»Du verstehst das einfach nicht, Archie«, sagt sie. »Du weißt nicht, wie es für mich ist.«

»Und *du* weißt nicht, wie es für *mich* ist!«, schreie ich, viel lauter als beabsichtigt. Viel lauter, als ich Mum je zuvor angeschrien habe. »Hast du jemals darüber nachgedacht, wie es sich für mich anfühlt? Dich die ganze Zeit schlafen zu sehen. Alle anzulügen, dass es dir gut geht, obwohl es nicht so ist. Weißt du was, mir geht es auch nicht gut. Nichts von alledem ist okay, Mum.«

Sie starrt mich an, und ich warte ab. Fast möchte ich alles zurücknehmen, mich entschuldigen, aber ich erlaube es mir nicht. Es strömt noch zu viel Wut durch meinen Körper.

Schweigen. Dann schüttelt sie den Kopf und seufzt. »Ich bin zu müde für so etwas, Archie.«

»Na, dann geh doch einfach wieder ins Bett«, murmle ich. »Ich kümmere mich um mich selber, wie sonst auch.«

Sie sieht aus, als wollte sie etwas sagen, aber dann dreht sie sich um und steigt langsam die Treppe zu ihrem Zimmer hinauf. Die Mikrowelle piept.

Nachdem ich meine Ravioli alleine gegessen habe, stehe ich am Waschbecken und presse die Seifenlauge aus dem Schwamm. Ich hoffe wirklich, dass Mum ihre Meinung ändert. Dass sie wieder runterkommt und sich entschuldigt. Dass sie mir verspricht, ihr Bestes zu geben, um morgen vielleicht doch zum Turnier zu kommen. Dass sie versteht, wie schwer es sein muss, wenn niemand einen anfeuert und unterstützt. Immer wieder schaue ich zur Tür und lausche, aber es ist nichts zu hören.

Trotzdem will ich nicht aufgeben. Was ist, wenn sie morgen aufwacht und sich gut genug fühlt, um doch noch zu kommen? Dann will ich es ihr auf jeden Fall ermöglichen. Ich renne die Treppe hinauf und schüttle mein Sticker-Geld aus der Elefanten-Spardose. Davon wollte ich eigentlich Äpfel und Brokkoli kaufen, und von dem Rest wollte ich Mum an Weihnachten ihr Lieblingsparfüm schenken. Aber ich glaube, ich sollte das Geld besser jetzt verwenden. Bis Weihnachten kann ich mit meinem Sticker-Verkauf noch genügend Geld für Geschenke verdienen. Ich zähle die Münzen: Es sind genau zwanzig Pfund. Das ist fast wie ein Zeichen.

Heimlich hole ich Mums Handy aus ihrem Zimmer, während sie so tut, als würde sie schlafen. Zurück in meinem Zimmer, öffne ich die Website des Valley-Stadions, um ein Ticket für das Turnier zu kaufen. Als ich bezahlen will, merke ich, dass ich mein Geld nicht verwenden kann, weil es in bar ist. Ich brauche eine Karte. Mum kann ich nicht fragen, sie würde mir bloß sagen, dass es keinen Sinn hat, weil sie eh nicht kommt, und sich dann tausendmal entschuldigen. Doch ich kenne ihre Kartendaten auch so, schließlich brauche ich sie immer für den Online-Einkauf bei Tesco. Den für nächste Woche habe ich noch nicht bestellt, also weiß ich, dass genug Geld auf dem Konto ist. Wenn ich die Karte jetzt benutze und dann die Hälfte der Lebensmittel mit meinem Bargeld im Supermarkt kaufe, wird Mum es nie erfahren, und wir werden nicht verhungern. Perfekt.

Ich klicke auf Bezahlen und stelle dann fest, dass ich das Ticket ausdrucken muss. Mist, wir haben keinen Drucker! Ich komme mir wie ein Agent auf geheimer Mission vor, der bei jedem Schritt ein neues Problem lösen muss. Aber vielleicht kann ich das Ticket bei Maus ausdrucken.

Als ich die Haustür schließe, sehe ich, wie Rosemary den Kopf aus ihrer Tür streckt, als hätte sie auf mich gewartet.

»Hallo, Archie«, sagt sie.

»Hallo, Rosemary. Ich bin gerade auf dem Weg zu meiner Freundin, weil ich dort etwas ausdrucken muss.«

Sie lächelt. »Das kannst du hier machen, wenn du willst. Dann musst du nicht extra zu deiner Freundin fahren. Du kannst auch reinkommen und einen Saft trinken.«

Ich höre Mums Stimme in meinem Kopf, die mir sagt, dass Rosemary nur neugierig ist, aber dann schaue ich in ihr freundliches Gesicht. Was kann es schon schaden? Rosemary ist einfach nur nett, und beim letzten Mal hatte sie wirklich leckere Kekse.

In diesem Moment kommt ihr kleiner Hund herausgerannt, springt an meinen Beinen hoch und leckt mir die Hände.

Rosemary lacht. »Wie es aussieht, freut sich Sir Lancelot auch, dich wiederzusehen.«

Als ich auf ihrem weichen Sofa neben Sir Lancelot sitze und meine Füße in den dicken cremefarbenen Teppich bohre, bringt sie mir einen Teller mit Pudding und Saft. Dann setzt sie sich in einen Sessel und seufzt.

»Weißt du, Archie, mir fehlt es, James um mich zu haben und mich um ihn zu kümmern. Es ist ziemlich einsam hier, so ganz allein.«

»Hat James auch keinen Dad?«, frage ich und bereue sofort das Wort »auch«, als hätte ich Dad aus meiner Geschichte gestrichen.

»Mein Mann ist vor zehn Jahren gestorben. Das war sehr schwer für James und mich, aber wir sind da zusammen durchgekommen.«

»Tut mir leid«, murmle ich.

»Ist schon in Ordnung, Liebes. Ich weiß, wie schwer es ist, wenn man alles allein schaffen muss. Wie geht's deiner Mum? Ich habe sie immer noch nicht gesehen.«

»Es geht ihr gut«, sage ich. »Sie hat gerade Abendessen gemacht.«

»Wunderbar, was habt ihr gegessen?«

»Ravioli.«

»Oh, die hat James auch geliebt. Ich glaube, das tut er immer noch! Und was kocht dir deine Mum sonst so, Archie?«

»Eigentlich nicht viel«, sage ich, doch als Rosemary mich fragend ansieht, füge ich schnell hinzu: »Reis und Gemüse und Fisch und so.«

Wir sitzen eine Weile schweigend da, dann sagt sie: »Es ist schon okay, Archie. Ich weiß, dass deine Mum es schwer hat, seit dein Dad fort ist. Sie kommt nicht mehr viel aus dem Haus, oder?«

»Nein.« Ich seufze und trinke einen Schluck Saft. Dann sprudelt es plötzlich aus mir heraus. »Sie war lange Zeit ziemlich traurig.«

Sofort spüre ich, wie ich rot werde, und frage mich, ob ich besser nichts gesagt hätte.

»Also kümmerst du dich um sie?«, fragt Rosemary. »Das ist ziemlich schwer, oder?«

Ich nicke. »Irgendwie schon. Aber inzwischen ist es ganz normal, und Mum sagt, dass ich besser kochen und putzen kann als die meisten Elfjährigen. Das ist auch nicht schlecht, schätze ich.«

Rosemary lächelt. »Natürlich kannst du Dinge, von denen andere Kinder keine Ahnung haben. Aber du weißt, dass du nicht alles alleine machen musst, oder?«

»Na ja, Dad kümmert sich auch nicht wirklich … Und Mum will nicht, dass andere von unserer Situation erfahren.«

Sie schüttelt den Kopf. »Das meine ich nicht, Schätzchen. Es gibt Leute, die immer mal nach dir sehen und dir beim Einkaufen und anderen Dingen helfen könnten. Die darauf achten würden, dass es dir und deiner Mum gut geht.«

»So jemanden gibt es?!«, frage ich ungläubig.

Sie nickt. »Du bist ein sogenannter *Young Carer*, Archie, also ein Kind, das sich um ein krankes Familienmitglied kümmert. Und es gibt Organisationen, die versuchen, junge Pflegende wie dich zu unterstützen.«

»Ich glaube, Mum würde nicht wollen, dass ihr jemand anders hilft«, sage ich und habe plötzlich das Gefühl, dass ich nicht hier sein und das alles erzählen sollte. Da fällt mir das Ticket ein. »Kann ich den Drucker benutzen, Rosemary?«

Sie lehnt sich zurück und nickt. »Ja, natürlich, Liebes.«

Als ich mit meinem Ausdruck wieder ins Wohnzimmer komme, sagt sie: »Ich weiß, dass es sich wie eine große Sache anfühlt, wenn man um Hilfe bittet, aber falls du mit jemandem darüber reden willst, kannst du jederzeit auf einen Keks und ein Gespräch rüberkommen. Sir Lancelot freut sich auch über die Streicheleinheiten.«

»Danke, Rosemary«, sage ich.

Zu wissen, dass ich jemandem die Wahrheit gesagt habe und nichts Schlimmes passiert ist, fühlt sich gut und irgendwie erleichternd an. Rosemary ist nicht ausgeflippt, als sie hörte, dass Mum nur noch im Bett liegt. Sie hat

Mum auch nicht verurteilt oder gleich die Polizei gerufen. Sie hat einfach nur zugehört.

Vielleicht ist es gar keine so schlechte Sache, den Leuten zu sagen, was wirklich los ist.

Zurück in unserer kalten Küche, suche ich mit dem Ticket in der Hand ein Stück Papier und schreibe einen Brief.

Liebe Mum,
es tut mir leid, dass ich Dich angeschrien habe.
Ich habe Dir ein Ticket für das Turnier besorgt,
nur für alle Fälle.
Wünsch mir Glück!!

Archie xxx

Morgen früh werde ich mich auf den Weg machen, bevor sie wach ist. Deswegen schleiche ich mich in ihr Zimmer und lege den Brief und das Ticket neben ihr Bett.

Zurück in meinem Zimmer, schaue ich zur Decke und zwinge mich, mir nichts zu wünschen. Keine Wünsche mehr, Archie Crumb. Jetzt heißt es hoffen – hoffen und handeln.

Auf meinem Bett liegt immer noch Mums Handy. Ich will es zurückbringen, doch auf dem Weg in ihr Zimmer bleibe ich stehen und setze mich damit leise auf die oberste Treppenstufe.

Dann öffne ich Google und gebe »Young Carer« ein.

Dreiundzwanzig

Bleib positiv. Bleib standhaft. Bleib stark.

– Lucas Bailey

Bleib wach. Sitz gerade. Furz nicht.

– Archie Crumb

Als mein Wecker am nächsten Morgen klingelt, schrecke ich aus meinem Traum auf und sitze sofort kerzengerade im Bett.

»Heute ist es so weit, Lucas!«, sage ich zu dem Aufkleber, der am Wecker lehnt. »Ich begegne dir in echt!«

Dann springe ich aus dem Bett, schnappe mir meine Spielkleidung und die alten Fußballschuhe von Maus und gehe nach unten. Ich schütte die letzten Cornflakes aus der Packung in eine Schüssel und esse sie hastig auf.

»Tschüs, Mum!«, rufe ich, obwohl ich weiß, dass sie es nicht hören wird. »Komm und schau mir beim Spielen zu«, füge ich flüsternd hinzu. »Bitte komm und schau zu.«

Die Luft ist kalt, sodass ich meinen eigenen Atem sehen kann. *Drachenatem* nennt Scadge das. Ich vermisse Scadge so sehr. Seit wir uns das letzte Mal gesehen haben, ist sie bestimmt schon größer geworden. Vielleicht hat sie gar nicht gemerkt, dass ich nicht mehr vorbeikomme. Ich schüttele den Kopf und versuche, alle schlechten Gefühle zu ignorieren. Heute sind nur gute Gefühle erlaubt.

Auf dem Weg in Richtung Stadion höre ich Schritte hinter mir und dann ein lautes »KRAAAAH, KRAAAAH!«.

Ich trete in die Bremsen, drehe mich um und sehe Maus, die mit rotem Gesicht hinter mir herrennt.

»Was machst du hier?«, frage ich. »Ich dachte, du musst heute Häuser besichtigen.«

»Muss ich auch«, keucht Maus. »Aber ich wollte dir viel Glück wünschen!« Sie packt mich und umarmt mich ganz fest. »Wenn ich rechtzeitig zurück bin, treffen wir uns nachher am Spielfeld – abgemacht?«

»Abgemacht. Und viel Glück bei der Haussuche!«

Ich bin wahnsinnig aufgeregt, als ich bei unserem Treffpunkt vor dem Stadion ankomme. Ich kann gar nicht aufhören, herumzutänzeln und auf und ab zu wippen, weil ich weiß, dass ich nachher Lucas Bailey und all die anderen Spieler von meinen Aufklebern sehen werde. Auf diesen Gedanken konzentriere ich mich, denn jedes Mal, wenn ich mir vorstelle, wie ich versuche ein Tor zu verhindern, wird mir schlecht.

Nach und nach kommen die Mannschaftsbusse der anderen Schulen an. Einige der Kinder sehen unfassbar groß und kräftig aus, eher wie eine Mannschaft von Riesen als Elfjährige.

»Ich hoffe, wir müssen nicht gegen *die* spielen«, flüstert Dan Dore und zeigt auf ein furchterregendes Team in grün-weiß gestreiften Trikots. Die Spieler sehen alle so aus, als kämen sie frisch aus dem Boxring, ihre massigen Körper sind mit Narben und blauen Flecken übersät.

»O Mann, ich auch!« Ich schlucke nervös.

Aber alle scheinen genauso aufgeregt zu sein wie ich, und ich habe wirklich das Gefühl, Teil des Teams zu sein. Der andere Archie Crumb legt mir sogar den Arm um die Schultern, als wir das Stadion betreten, und sagt: »Großen Respekt, dass du das machst, Archie. Es ist nicht einfach, so kurz vorm Turnier als Ersatzspieler zum Einsatz zu kommen.«

»Danke, Archie«, sage ich.

Bevor es losgeht, lassen die Organisatoren alle Teams auf dem Spielfeld zusammenkommen. Als ich endlich auf dem Rasen stehe, bin ich völlig überwältigt. Es ist ein unglaubliches Gefühl. Die Größe des Stadions. Die vielen Sitzreihen, die in wenigen Stunden mit lärmenden Zuschauern gefüllt sein werden. Mir wird fast schwindelig, wenn ich daran denke. Einen Vorteil hat das Ganze allerdings. Sollte Mum nicht auftauchen, werde ich es wenigstens nicht bemerken, denn es ist unmöglich, jemanden in einer so großen Menschenmenge zu entdecken.

Ein Mann, an dessen Gürtel ein großer Schlüsselbund baumelt, klopft auf ein Mikrofon und wartet, bis sich das aufgeregte Getuschel gelegt hat und alle still sind.

»Willkommen beim Turnier, Leute. Die Liste mit den Spielen hängt am Schwarzen Brett. Jedes Team wird acht zehnminütige Matches spielen. Nach einer Mittagspause geht es mit den Halbfinalspielen weiter, und am Ende des Tages werden wir die beiden Finalmannschaften für das große Spiel am Abend ermittelt haben. Beim Finale werden dann die Mitglieder der aktuellen Valley-Mannschaft zuschauen und natürlich auch Lucas Bailey, der Organisator dieses Turniers.« Alle klatschen und jubeln. »Es wird auch eine Vorführung der Valley-Spieler geben, auf die ich mich schon sehr freue. Doch jetzt erst mal zu euch. Ihr habt eine Stunde Zeit, um euch aufzuwärmen und mit dem Platz vertraut zu machen, bevor sich die Türen für die Zuschauer öffnen. Viel Glück, Leute.«

Wir haben einen Bereich, der nur für unser Team bestimmt ist. Dort ist eine Fahne mit unserem Schulwappen, einem vierblättrigen Kleeblatt, angebracht, damit wir wissen, wo wir hinmüssen, falls wir uns verlaufen. Auf dem Weg zu den Toiletten kommen Dan, der andere Archie und ich an vielen Essensständen vorbei, die gerade ihre Rollläden hochziehen, und an Sicherheitsleuten, die in Walkie-Talkies sprechen. So etwas habe ich noch nie erlebt – das ist alles so krass. Es kommt mir vor wie eine Szene aus einem Film.

Dan bemerkt meinen Gesichtsausdruck und grinst. »Ziemlich cool, was? Hast du sie jemals hier spielen sehen?«

»Nein, nur im Fernsehen«, sage ich. »Du?«

»Ja, mein Dad hat Dauerkarten für uns gekauft. Ich bin nicht so ein Riesenfan wie er, weil ich lieber selbst spiele, aber meine Mum sagt, es macht ihn glücklich, also gehe ich immer mit ihm hin.«

»Ja«, sage ich und lache, als ob ich eine Ahnung hätte, wovon er spricht. Dabei weiß ich nicht mehr, wie es ist, einen Vater zu haben, der Zeit mit einem verbringen will. Ich denke daran zurück, wie ich auf Dads Schoß saß, während er die Fußballweltmeisterschaft im Fernsehen schaute. Wie er mich in die Luft warf, wenn England ein Tor schoss. Ich spiele gleich in einem der größten Fußballstadien des Landes, und er weiß nicht einmal, dass ich hier bin.

Nachdem wir die Toiletten gefunden haben und zum vierblättrigen Kleeblatt zurückgekehrt sind, ist es an der Zeit, dass wir uns aufwärmen. Das Spielfeld ist mit Kreide in drei kleinere Spielfelder unterteilt worden, sodass viele Spiele gleichzeitig stattfinden können. Nachdem wir bei unserem Feld angekommen sind, laufen wir ein paar Runden, machen ein paar schnelle Aufwärmübungen und dehnen uns.

Dann wirft Mr Fell Jayden Thomas den Ball zu und sagt, dass sich alle in einer Reihe vor dem Tor aufstellen sollen. Mein Herz rutscht in die Hose. Bis zu diesem Moment hatte ich die Tatsache, dass ich heute im Tor stehen werde, erfolgreich verdrängt und gehofft, mich irgendwie davor drücken zu können. Doch nun gibt es kein Zurück.

Jeder einzelne Schuss geht an mir vorbei, und bei jedem weiteren spüre ich, wie mein Gesicht immer röter wird. Ich blicke zu Mr Fell hinüber und sehe, wie sich ein leichter Anflug von Panik auf sein Gesicht schleicht. Zum Glück ertönt in diesem Moment ein lauter Pfiff, und der Mann mit dem klappernden Schlüsselbund fängt wieder an, auf das Mikrofon zu tippen.

»Wir lassen jetzt die Zuschauer rein!«, verkündet er.

In den nächsten zwanzig Minuten strömen Hunderte von Menschen ins Stadion und erfüllen die Luft mit ihren lärmenden Stimmen.

Und dann ist es so weit. Das Turnier beginnt.

Vierundzwanzig

> Auf dem Weg nach oben erlebt man immer wieder Enttäuschungen.
>
> *– Lucas Bailey*

> Und auch auf dem Weg nach unten. Wie letztens, als ich die Treppe heruntergefallen bin.
>
> *– Archie Crumb*

Nach einer letzten Teambesprechung nehmen wir unsere Positionen für das erste Spiel ein. Dann ertönt der Anpfiff. Der andere Archie ist in der Verteidigung und steht so dicht neben mir, dass es fast so aussieht, als wäre er der zweite Torwart. Ich schätze, Mr Fell hat nach dem Aufwärmen eingesehen, dass es ein Fehler war, mich aufzustellen, und ihm gesagt, dass er mir Deckung geben soll.

Nach dem Abpfiff können wir feiern, denn wir haben ziemlich gut Fußball gespielt. Ich habe den Ball zwar kein einziges Mal berührt, aber es ist trotzdem ein gutes Gefühl, alle zu umarmen und abzuklatschen. Keiner spricht an, dass der andere Archie im Grunde unser Torwart war, der nur mit den Füßen alle Schüsse abgewehrt hat, während ich danebenstand und die anderen lauthals anfeuerte.

»Wir können das schaffen, Jungs!«

»JA! JA! SUPER GEMACHT!!!«

»Toller Pass. Super Teamarbeit.«

»Glaubt an das Team, wie ihr an euch selbst glaubt!«

Ich war definitiv der lauteste Spieler auf dem Platz. Die Spieler der anderen Mannschaft waren irgendwann ziemlich genervt und sagten mir, ich solle die Klappe halten. Aber ich brüllte nur noch lauter.

Auch in den folgenden drei Spielen ist es immer dasselbe: Ich schreie, der andere Archie hält, und Jayden und Dan schießen ein paar unglaubliche Tore. Der andere Archie lässt mich sogar ein paar Torabstöße machen und klopft mir auf die Schulter, wenn ich den Ball bis über die Mittellinie schieße. Die Zuschauer jubeln alle paar Sekunden, und obwohl nicht alle für uns jubeln, ist es ein tolles Gefühl, auf dem Platz zu stehen. Als ich mich auf dem Spielfeld und den Rängen umsehe, muss ich lächeln. Es ist schön, ein Teil von etwas zu sein, so viele Menschen um sich herum zu haben, die so viel Freude ausstrahlen. Ich kann ihre Energie beinahe in meinem Körper spüren, und mir schwirrt der Kopf.

Zwischen unseren Spielen suche ich immer wieder mit den Augen die Menge ab, um zu sehen, ob Mum es geschafft hat. Dan und Archie telefonieren mit ihren Eltern und versuchen ebenfalls, sie winkend in der Menge zu entdecken. Sie suchen nach den Plakaten und roten

Schals ihrer Familien und springen mit erhobenen Armen auf und ab, als sie sie endlich entdecken.

Die Furcht einflößende Mannschaft in den grün-weißen Trikots spielt gerade auf dem Spielfeld neben unserem. Inzwischen weiß ich, warum sie so viele blaue Flecke haben: Sie sind absolut brutal. Sie rempeln ihre Gegner mit den Schultern aus dem Weg und grätschen, sodass die anderen Spieler mit schmerzverzerrten Gesichtern zu Boden gehen. Die Gelben Karten, die sie dafür bekommen, interessieren sie anscheinend nicht, denn sie foulen immer wieder. Ich hoffe wirklich, dass wir nicht gegen sie spielen müssen.

Dan Dore schießt unfassbar viele Tore, und Jayden Thomas spielt auch richtig gut. Als wir im vierten Spiel schon mit 2:0 vorne liegen, nimmt der andere Archie einmal sogar den Ball vor unserem Tor an und ballert ihn spektakulär über das gesamte Spielfeld in die obere Torecke des Gegners. Mr Fell springt an der Seitenlinie auf und ab und schreit: »Genau so, Jungs. Ganz genau so!« Es läuft richtig gut, und allmählich kommt in uns allen das Gefühl auf, dass wir tatsächlich eine Chance haben könnten. Wir überstehen problemlos die Gruppenphase und ziehen ins Viertelfinale ein. Ab jetzt geht es um alles oder nichts, denn mit dem Viertelfinale beginnt die K.-o.-Phase. Wenn wir ein Spiel verlieren, sind wir raus.

Das Viertelfinale ist hart. Das Spielfeld ist größer, und das Spiel dauert länger. Es sind auch mehr Zuschauer, die uns zusehen, und wir spüren, wie der Druck steigt. Aber Dan und Jayden sind vorne einfach zu gut, und mit dem anderen Archie und mir im Tor schaffen wir es nach zittrigen zwanzig Minuten ins Halbfinale.

Nach dem Mittagessen findet das Halbfinale statt, und ALLE werden zuschauen. Ich habe total vergessen, mir etwas zu essen mitzubringen, aber Dan Dore gibt mir eine Banane ab und der andere Archie einen Keks. Und dann passiert es.

»Er ist da!«

Alle drehen sich um und sehen Lucas Bailey auf das Spielfeld joggen, gefolgt vom Rest der Mannschaft, die winkt und ein paar der Kinder abklatscht. Wir lassen unser Essen fallen und rennen zum Spielfeldrand, um so nahe wie möglich an die Spieler der Valley Rovers heranzukommen. Als sie nach einer Runde um das Spielfeld auf uns zukommen, stellen sich alle um mich auf die Zehenspitzen, um größer zu werden und mehr aufzufallen.

Lucas winkt über unsere Köpfe hinweg der jubelnden Menge zu, und gerade als ich denke, dass er an meiner ausgestreckten Handfläche vorbeilaufen wird, fällt sein Blick auf mich. Er sieht mir direkt in die Augen und zwinkert mir zu, als würde er mich wiedererkennen.

Ich bin vor Schock wie gelähmt und kann es nicht fassen. Bedeutet das, dass es wirklich *er* war in dieser einen Nacht?

Nachdem er mit den anderen Spielern weitergejoggt ist, ziehe ich den Aufkleber, auf dem er drauf ist, aus meiner Tasche. »Ich spiele heute für dich, und zwar ohne Wünsche. Dabei werde ich alles geben und ein so guter Torhüter sein, wie ich nur kann.«

Dan, Archie und ich rennen zum Spielplan, um zu sehen, gegen wen wir gleich spielen müssen, und zum Glück stehen die Gemeinen Grünen, wie ich sie jetzt nenne, im anderen Halbfinale. Das bedeutet allerdings auch, dass wir im Finale gegen sie spielen, wenn unsere beiden Mannschaften gewinnen sollten. Doch daran mag ich jetzt nicht denken. Ich muss mich erst mal auf das nächste Spiel konzentrieren. Das Spiel, bei dem Lucas Bailey zusehen wird.

Unser Halbfinale fängt gut an. Wir machen weiter wie am Vormittag: Archie deckt mit mir das Tor, und die anderen greifen gut an. Doch auch unsere Gegner sind stark, und so gelingt es keinem, ein Tor zu schießen. Zur Halbzeit steht es immer noch 0:0.

Die Stimmung kippt, als ich Lucas Bailey am Spielfeldrand eintreffen sehe, umringt von Fernsehkameras und in seinem Trikot von einem Fuß auf den anderen tänzelnd. Es sieht fast so aus, als wollte er gleich zu uns aufs Spielfeld kommen, und ich kann nicht aufhören, ihn zu beobachten.

Als ein großes Mädchen mit Pferdeschwanz aus dem anderen Team auf unseren Kasten zusteuert, mache ich mich bereit, um den Schuss zu halten. Da höre ich die Stimme von Lucas, der ruft: »Los!« Ich weiß nicht, wen er meint – mich oder das Mädchen –, und schaue zu ihm rüber. Im gleichen Moment höre ich den anderen Archie rufen und spüre kurz danach, wie mich der Ball hart am Hinterkopf trifft. Wer schon einmal von einem Fußball hart am Kopf getroffen worden ist, weiß, dass es sich ungefähr so anfühlt, als würde das Gehirn von einer Seite zur anderen fliegen. Das Mädchen muss geschossen haben, ohne dass ich es mitbekommen habe. Und als wäre das nicht schon schlimm genug, prallt der Ball von meinem Kopf ab und fliegt direkt ins Netz.

Die anderen aus meiner Mannschaft stöhnen und lassen die Köpfe in die Hände sinken, während die meisten Zuschauer entweder über mich und meinen benommenen Gesichtsausdruck lachen oder die andere Mannschaft anfeuern.

Der andere Archie kommt herüber und zerzaust mir die Haare. »Tut mir leid, Kumpel, ich hätte dich früher warnen sollen. Ich dachte, du hättest das Mädchen kommen sehen.«

»Schon okay. Hatte ich auch, aber dann war ich abgelenkt«, sage ich und tue mir selbst leid, aber noch mehr tun mir die anderen aus der Mannschaft leid. Wir liegen im Halbfinale mit 0:1 zurück, und es sind nur noch fünf Minuten zu spielen.

Als das Spiel weitergeht, nehmen Dan und Jayden den Ball schnell an der Mittellinie an und halten damit auf das andere Tor zu. Kurz darauf schießen sie ein einfaches Tor, klatschen sich gegenseitig ab und rennen in Richtung der Zuschauer, um den Beifall entgegenzunehmen. Bei ihnen sieht Fußballspielen so einfach aus. Manche Menschen werden einfach immer besser, je mehr sie unter Druck stehen. Bei mir ist das anders. Ich zerkrümele unter Druck einfach. Man sollte mich Archie Crumble nennen.

Eine Minute später stehen Dan und Jayden wieder vor dem gegnerischen Torhüter und passen sich den Ball gegenseitig zu.

»Ihr schafft das!«, rufe ich. »Ihr seid beide mega!«

Dan täuscht an und überlässt es Jayden, den Ball in die linke untere Ecke zu schießen. Ich flippe aus! Wir führen im Halbfinale, und es sind nur noch dreißig Sekunden zu spielen. Alle scheinen das Tor, das ich kassiert habe, vergessen zu haben, und ich schaue hinüber zu Lucas, der seine Hände aneinanderreibt und lächelt.

Als der Schiedsrichter den Ball wieder an den Anstoßpunkt legt, weiß ich, dass ich mich warm anziehen muss. Es sind zwar nur noch dreißig Sekunden auf der Uhr, aber unsere Gegner werden jetzt alles versuchen, um doch noch ein Tor zu erzielen.

Ich konzentriere mich auf den Ball. Er ist wieder bei dem Mädchen mit dem Pferdeschwanz, das direkt auf mich zudribbelt. Ich vergewissere mich, dass der andere Archie an meiner Seite ist, und versuche, die Panik zu bekämpfen, die in meiner Brust aufsteigt. Als nur noch wenige Sekunden auf der Uhr sind, dribbelt das Mädchen an Kit vorbei und schießt den Ball hart und hoch auf unser Tor. Er segelt durch die Luft auf den anderen Archie zu, und als dieser merkt, dass der Ball hinter ihm ins Netz gehen würde, reißt er die Arme hoch und lupft den Ball mit seinen ausgestreckten Fingern über die Latte. Sofort schrillt die Pfeife des Schiedsrichters, noch bevor Archie mit hängendem Kopf wieder auf dem Boden landet. Er weiß, was er getan hat, und mir wird bange.

Das war ein Handspiel, und das bedeutet Elfmeter.

Meine Hände werden eiskalt. Ich KANN keine Elfmeter halten, und gleich wird die ganze Welt, einschließlich Lucas Bailey, es sehen.

Der Schiedsrichter legt den Ball auf den Elfmeterpunkt, und das Mädchen mit dem Pferdeschwanz blickt mich triumphierend lächelnd an. Als hätte ich nicht die geringste Chance, den Ball zu halten.

Aber das stimmt nicht, denn ich habe eine Chance – eine winzige zwar, aber nichtsdestotrotz eine Chance. Wenn ich aus den letzten Wochen irgendetwas gelernt habe, dann, dass alles möglich ist, wie gering die Wahrscheinlichkeit dafür auch sein mag. Ich klatsche in meine Handschuhe und stelle mir vor, wie ich den Ball halte. Vielleicht kann ich es schaffen. Ja, ich bin nicht der beste Fußballer der Welt, aber einen Elfmeter kann ich ja wohl halten. Ich habe es in Maus' Garten oft genug geübt. Es ist reine Glückssache, ob ich die richtige Ecke erwische.

Das Mädchen läuft auf den Ball zu, und ich sehe ihren Blick nach links oben gehen, also werfe ich mich nach links. Ich springe hoch und weit, richte mich zu meiner vollen Größe auf und strecke die Arme so weit aus wie möglich, und dann spüre ich, wie der Ball auf meine

Handschuhe trifft. Mit einem dumpfen Aufprall lande ich auf dem Boden, und alle stürzen sich auf mich.

Ich habe es geschafft, ich habe es tatsächlich geschafft! Die Menge jubelt, und der Schiedsrichter pfeift, um für Ordnung zu sorgen, damit wir die letzten Sekunden des Spiels zu Ende spielen können.

Als der Abpfiff ertönt, bricht ein riesiger Jubel aus, und ich sehe die Fernsehkameras am Spielfeldrand herumsausen. Wir sind im Finale! Wir haben es geschafft! Ich habe es geschafft! Ohne Magie, ohne Wünsche, ich allein. Archie Crumb.

Die anderen tragen mich auf ihren Schultern in unseren Bereich, und während ich mir ein Glas Wasser hole, höre ich plötzlich im Hintergrund eine vertraute Stimme.

»ARCHIE! ARCHIE! ARCHIE! ARCHIE!!!«

Das kann nicht sein! Ich suche die Menschenmenge ab, und als ich mich darauf konzentriere, die kleine Stimme herauszuhören, sehe ich sie schließlich.

»ARCHIE! ARCHIE! ARCHIBALD!!«

Scadge fuchtelt wie wild mit den Armen und hält ein Blatt Papier hoch, auf dem steht: WIR LIEBEN DICH, ARCHIBALD! Neben ihr steht Dad, der ebenfalls lächelnd winkt. Sie sehen so glücklich aus, mich zu sehen, und bevor ich mich über meinen Dad ärgern kann, bin ich einfach nur froh, dass jemand meinetwegen gekommen ist. Jemand, dem ich wichtig bin. Als ich meine Gedanken gerade etwas sortiert habe, höre ich ein weiteres vertrautes Geräusch.

»KRAAAAH, KRAAAAH!«

Maus!

»Nicht schlecht, Arch!«, sagt sie und grinst mich an, als ich mich zu ihr umdrehe. »Ich finde zwar immer noch, dass ich in die Mannschaft hätte kommen sollen, aber das war wirklich beeindruckend, Crumb.«

»Du hast es geschafft!«, sage ich und umarme sie fest. »Wieso bist du schon hier?«

»Die Besitzer vom zweiten Haus haben die Besichtigung abgesagt. Ich habe alles im Fernsehen verfolgt, und als ich gesehen habe, dass ihr es ins Halbfinale geschafft habt, bin ich wie der Teufel hierhergerannt. Mr Fell war gerade auf dem Weg zur Toilette und hat mich reingelassen! Er hat sich außerdem bei mir dafür entschuldigt, dass er mir keine Chance gegeben und mich nicht in die Mannschaft aufgenommen hat. Miss Crowther hat ihm offenbar die Rede vorgespielt! Bist du Lucas schon begegnet?«

»Ja, er hat mir zugezwinkert.«

Sie strahlt, doch bevor wir weitererzählen können, höre ich Mr Fell, der die Mannschaft zusammentrommelt. Maus wünscht mir noch viel Glück, bevor ich zu meinem Team zurückkehre.

»Alles klar, Jungs, ihr habt es geschafft. Ihr seid im Finale, und ich bin wahnsinnig stolz auf euch. Doch das Endspiel wird kein Zuckerschlecken. Eure Gegner sind sehr … durchsetzungsfähig.«

Also haben die Gemeinen Grünen ebenfalls ihr Halbfinale gewonnen. Das musste ja so kommen.

Mr Fell fährt fort: »Ich halte es nur für richtig, diese letzte Team-Ansprache dem Helden des Augenblicks zu überlassen, nämlich Archie. Was hast du uns zu sagen, Arch?«

Ich schaue zu den Gemeinen Grünen hinüber, die sich gerade gegenseitig anrempeln, und suche nach einem passenden Aufkleber-Spruch. Aber keiner scheint mir richtig zu sein, also fange ich einfach an zu reden.

»Okay, Leute, das andere Team ist wirklich ganz schön brutal. Sie nehmen sogar in Kauf, dass sich ihre Gegner verletzen.« Ich blicke in die besorgten Gesichter meiner Mannschaft und spreche weiter. »Aber davon lassen wir uns nicht beeindrucken! Wenn sie euch umwerfen, steht einfach wieder auf. Zeigt ihnen, dass ihr euch nicht unterkriegen lasst. Egal, wie schwierig es wird, wir können das schaffen, weil wir stärker sein werden. Und dann werden wir das hier gewinnen, einfach weil wir nicht aufgeben.«

Alle umarmen sich gegenseitig und klopfen sich auf den Rücken. Mr Fell tätschelt mir die Schulter.

»Ich hätte es selbst nicht besser ausdrücken können, Archie. Okay, wir haben noch eine halbe Stunde Zeit, um Wasser zu trinken und den Jungs der Valley Rovers zuzusehen, wie man es richtig macht. Dann kommt das Finale. Und da möchte ich, dass ihr Spaß habt, denn ihr habt es euch wirklich verdient.«

In diesem Augenblick betreten Lucas und seine Mannschaft das Spielfeld. Die Fernsehkameras kreisen, und es werden jede Menge Bälle auf den Platz geworfen. Alle

Spieler stellen sich im Kreis auf, balancieren jeder einen Ball auf dem Fuß, und auf einen Pfiff geben sie den Ball an den nächsten Spieler im Kreis weiter. Die Art und Weise, wie sie die Bälle kontrollieren, ist unfassbar – es sieht so aus, als wären sie an ihnen befestigt und könnten gar nicht den Boden berühren. Die Zuschauer flippen aus, es ist ohrenbetäubend laut.

Dann stellen sie sich in einer Reihe auf und schießen nacheinander aufs Tor. Dabei machen sie Rainbow Flicks und Fallrückzieher, und bei jedem Schuss werden die Tricks komplizierter. Einige Bälle gehen rein, andere fliegen hoch übers Tor, aber das scheint ihnen egal zu sein. Sie haben einfach Spaß, und das Publikum ist begeistert. Als die Vorführung zu Ende ist, kommt jemand mit einem Mikrofon angerannt und reicht es Lucas.

»Hallo, ihr alle im Valley-Stadion!«, ruft er. »Vielen Dank, dass ihr heute gekommen seid. Es war ein toller Tag, an dem wir eine Menge Geld für Kinder im ganzen Land gesammelt haben, die nicht genug Geld haben, um Sport zu treiben oder auch nur genug Essen kaufen zu können. Indem wir hier sind, tragen wir alle dazu bei, ihnen zu helfen.« Die Menge applaudiert laut. »Ich bin hier ganz in der Nähe aufgewachsen, und auch bei mir zu Hause war das Geld manchmal ein bisschen knapp, aber wisst ihr was? Ich habe es trotzdem geschafft, und jetzt geht es mir gut!« Ich stehe auf und klatsche so heftig, dass mir die Hände wehtun. »Aber ich musste es nicht allein schaffen. Es gab Leute, die auf mich geachtet und mir geholfen haben, und deshalb möchte ich dafür sorgen, dass auch andere Kinder Unterstützung bekommen. Denn in schwierigen Zeiten kann manchmal schon die kleinste Kleinigkeit einen Unterschied machen. Wir müssen aufeinander aufpassen, um Hilfe bitten, wenn wir sie brauchen, und einander Hoffnung geben, denn wenn man Hoffnung hat, kann man alles überstehen. Beiden Teams im Finale wünsche ich viel Glück, und den anderen viel Spaß beim Zuschauen!«

Die Menge tobt. Als ich Lucas vom Spielfeld gehen sehe, habe ich das Gefühl, dass die Rede nur für mich bestimmt war, als wären die restlichen Zuschauer gar nicht hier.

Ich denke darüber nach, welche Veränderung er in meinem Leben bewirkt hat. Ob er nun echt war oder nur in meinem Kopf, als ich in dieser einen Nacht vom Fahrrad gestürzt bin, spielt eigentlich keine Rolle. Er hat mich verändert. Er hat mir gezeigt, dass ich Dinge erreichen kann, von denen ich nie dachte, dass sie möglich sind. Irgendwann möchte ich das auch mal für andere tun. Derjenige sein, der sich um andere Menschen kümmert, der ihnen Hoffnung gibt und ihnen dabei hilft, weiterzumachen, auch wenn es schwer ist. Natürlich kann ich das nicht wie Lucas als Fußballer tun, aber vielleicht gibt es andere Wege.

Es ist ein tolles Gefühl, zum ersten Mal in meinem Leben zu wissen, was ich will. Zu wissen, wer ich sein will. Aber jetzt gilt es erst einmal, die Gemeinen Grünen im Finale zu schlagen.

Fünfundzwanzig

Ich habe alle Schwierigkeiten überstanden, und jetzt geht es mir gut!

– Lucas Bailey

Ich habe noch nichts überstanden und mache mir vor Angst fast in die Hose.

– Archie Crumb

Aus der Nähe sehen die Gemeinen Grünen noch furchterregender aus. Sie sind alle riesig, und sie sind nicht zum Spaß hier. Gleich in der ersten Minute rempelt ein wuchtiger Junge mit Stirnband Dan mit der Schulter zu Boden. Ich sehe, dass Dan Schmerzen hat, obwohl er versucht, sich nichts anmerken zu lassen.

»Lass sie nicht an dich heran, Dan!«, rufe ich ihm zu. Er schenkt mir ein tapferes Lächeln.

Bis zur Halbzeit sind die meisten aus meiner Mannschaft geschubst oder gestoßen worden und fühlen sich müde und ein wenig angeschlagen. Sogar das Publikum wirkt irgendwie müde und macht deutlich weniger Lärm. Es scheint, als hätten die Gemeinen Grünen allen die Energie geraubt. Doch es steht immer noch 0:0!

»Lasst euch nicht unterkriegen, Jungs«, sagt Mr Fell. »Das ist genau das, was sie wollen. Haltet durch. Ein einziges Tor kann das gesamte Spiel entscheiden.«

In der zweiten Halbzeit höre ich Maus' laute Anfeuerungsrufe. Sie ist einfach großartig! Obwohl sie mehr als jeder andere von uns in die Mannschaft kommen wollte und es auch mehr als verdient gehabt hätte, ist sie hier und feuert uns an, anstatt selbst zu spielen.

Und dann wird mir klar, dass ich ihren Wunsch wahr werden lassen kann. Doch gerade, als mir die Idee dazu kommt, sehe ich, wie Dan bei einem Kopfball-Duell mit dem viel größeren Kopf des größten Gemeinen Grünen zusammenstößt. Ich weiß sofort, dass es schlimm ist. Der Schiedsrichter pfeift und hält die Gelbe Karte hoch, während Dan sich vor Schmerzen auf dem Boden windet. Ich versuche, Mr Fells Aufmerksamkeit zu erregen, aber er ist zu sehr damit beschäftigt, den Schiedsrichter anzuschreien und nach den Sanitätern zu rufen. Dan, der sich mit beiden Händen den Kopf hält, wird vom Platz gebracht und bekommt einen Eisbeutel. Brendan, unser zweiter Ersatzspieler, wartet, bis der Schiedsrichter ihn ins Spiel pfeift, und dann geht es weiter. Aber man merkt, dass alle erschöpft sind. Außerdem haben wir mit Dan unseren besten Torschützen verloren, und Brendan ist eher ein Verteidiger. Wir schaffen es nicht mal mehr in den Strafraum der Grünen. Als abgepfiffen wird und es immer noch 0:0 steht, weiß ich, dass jetzt der Zeitpunkt für meine Idee gekommen ist.

Ich renne vom Spielfeld und laufe direkt zu Mr Fell. Nachdem ich ihm meinen Plan erklärt habe, geht er zum Schiedsrichter. Dieser schüttelt zuerst den Kopf, doch schließlich nickt er.

Als Mr Fell zurück in unseren Bereich kommt, flüstert er mir zu: »Es hat geklappt! Geh für die Verlängerung zurück ins Tor, und ich sorge für ein Ersatztrikot. Du bist ein wahrer Teamplayer, Archie, und ein echt guter Freund.«

Die Verlängerung scheint sich ewig hinzuziehen, und da niemand mehr in der Lage ist, ein Tor zu schießen, wissen wir alle, dass das Spiel ins Elfmeterschießen gehen wird. In der letzten Minute, als Jayden gerade einen Einwurf ausführen will, bedeutet ihm der Schiedsrichter zu warten, weil eine Auswechslung stattfinden wird. An der Seitenlinie steht Maus in voller Montur und mit einem breiten Grinsen im Gesicht, bereit, den besten Elfmeter zu schießen, den das Valley-Stadion je gesehen hat. Ich ziehe meine Torwarthandschuhe aus und reiche sie dem anderen Archie.

»Viel Glück, Archie«, sage ich. »Jetzt kannst du sie auch mit den Händen halten!«

Dann renne ich zum Spielfeldrand und an Maus vorbei, die mir zuruft: »Danke, Archie, du bist der Beste.«

Als das Elfmeterschießen beginnt, sehen die Gemeinen Grünen plötzlich irgendwie kleiner aus. Jetzt können sie uns nicht mehr herumschubsen, denn nun zählen nur noch die Duelle vom Elfmeterpunkt, und wir haben eindeutig die besseren Torschützen. Wir spüren alle, dass wir tatsächlich gewinnen können.

Die Gemeinen Grünen sind als Erste dran. Archie verpasst den Ball nur knapp, und es steht 1:0 für unsere Gegner. Dann schießt Jayden den Ball in die obere Ecke der anderen, und wir liegen wieder gleichauf. Archie hält den nächsten Ball, aber Kit schießt daneben. Es geht hin und her. Die Schreie und der Jubel der Zuschauer sind so laut, als wären wir das Valley-Team in den Play-offs.

Beim fünften Elfmeter ist es immer noch ein Kopf-an-Kopf-Rennen. Archie lenkt den Ball mit einer unglaublichen Parade über das Tor hinaus, und dann richten sich alle Augen auf Maus. Wenn sie trifft, haben wir das gesamte Turnier gewonnen. Ich denke an all die Elfmeter, die sie in ihrem Garten geschossen hat, und ich WEISS, dass sie es kann. Sie sieht etwas nervös aus, doch ich bin mir sicher, dass sie tief drinnen fest an sich glaubt. Als der Pfiff ertönt, läuft sie lässig an, täuscht eine Bewegung vor, sodass sich der Torhüter nach links wirft, und schießt den Ball dann hart in die andere Ecke.

Ich renne aufs Spielfeld. Der andere Archie hebt mich hoch in die Luft, dann fallen wir beide lachend zu Boden. Maus wird von den anderen Spielern umringt, die ihr alle auf die Schulter klopfen. Dann kommt sie zu mir herübergelaufen, fällt mir in die Arme und wirbelt mich im Kreis herum. Gemeinsam schauen wir zu der jubelnden Menge auf und lassen uns feiern.

Dann ist es Zeit für die Siegerehrung, und wir stellen

uns alle in einer Reihe auf. Lucas Bailey schüttelt einem nach dem anderen die Hand und hängt jedem von uns eine Medaille um den Hals. Ich stehe ganz hinten in der Schlange und spüre, wie mir vor Aufregung ganz heiß wird.

Als Lucas mir die Medaille um den Hals hängt, blicke ich zu ihm auf und lächle ihn an.

»Danke«, sage ich.

»Du hast dich da draußen ganz fantastisch geschlagen. Ich bin stolz auf dich. Ich wette, mehr hättest du dir nicht wünschen können, was?« Er zwinkert mir zu und lacht sein warmherziges Lachen.

Als die anderen den Pokal hoch in die Luft stemmen, sehe ich mich um und denke: Das hier ist perfekt. Lucas hat recht. Ich hätte mir dieses Gefühl nicht einmal vorstellen, geschweige denn wünschen können.

Sechsundzwanzig

Ich habe alle Schwierigkeiten überstanden, und jetzt geht es mir gut!

– Lucas Bailey

Ich habe sie ebenfalls überstanden, und jetzt geht es mir auch gut!

– Archie Crumb

Als Maus und ich das Gelände in Richtung Parkplatz verlassen, sehe ich Dad und Scadge, die ihr Plakat hochhält und uns zuwinkt. Dahinter erkenne ich einen Eiswagen – *meinen* Eiswagen!

Martin schaut lächelnd durch die Luke und ruft zu mir herüber: »Archie! Was meinst du, bist du schon wieder bereit für ein Eis?«

»Ich glaube, ich könnte es versuchen«, rufe ich lachend zurück.

Dann rennt Scadge mit ausgebreiteten Armen auf mich zu. »Ihr habt gewonnen, Archibald!! Und du warst unglaublich gut! Das war der beste Tag meines Lebens!«

»Danke, Scadge«, sage ich, hebe sie hoch und schwinge sie im Kreis.

Dad kommt ebenfalls zu uns rüber und steht dann etwas unbeholfen daneben und schaut zu.

Martin schenkt uns allen zwei Kugeln mit Streuseln und lehnt Dads Geld entschieden ab. »Ihr Junge ist etwas ganz Besonderes. Er kriegt bei mir lebenslang kostenlos Eis!«

»Wie geht es Baby Archie?«, frage ich.

»Der Quälgeist schläft nie! Manchmal muss ich im Wagen ein Nickerchen einlegen, so wie du, Archie!«

Als wir mit unserem Eis davonschlendern, sieht Dad mich an und fragt: »Was zum Teufel hast du denn gemacht?«

»Das ist eine lange Geschichte!«, sage ich und zwinkere Maus zu.

Während wir unser Eis schlecken, schaue ich mich nach Mum um, kann sie aber nirgends entdecken. Dad sieht ziemlich unbehaglich aus, als ob er nicht so recht weiß, was er sagen soll. Scadge rettet ihn.

»Wer bist du?«, fragt sie Maus mit großen Augen und einem von Eis verschmierten Gesicht.

»Das ist meine Freundin Maus«, sage ich.

»Das ist ein cooler Name!«, ruft Scadge.

Ich lächle Dad verlegen an, woraufhin er Scadge durch die Haare wuschelt und sagt: »Scarlett, willst du Maus nicht mal zeigen, wie du vom Geländer baumeln kannst? Ich muss mal kurz mit Archie reden.«

»Komm mit, Maus!«, sagt Scadge und zieht sie zum Geländer rüber, wobei sie unablässig plappert. »Ist Maus dein richtiger Name? Ich würde gerne Einhornglitzer die Dritte heißen.«

Als sie weit genug weg sind, sagt Dad: »Das war unglaublich, mein Sohn. Ich bin so froh, dass ich gekommen bin.«

»Woher wusstest du von dem Turnier?«, frage ich.

»Scadge und ich waren heute Morgen bei euch. Wir haben dich ja nicht mehr gesehen seit … Jedenfalls hat deine Mum es uns erzählt.«

»Sie ist also nicht mitgekommen?«, frage ich und spüre plötzlich, wie die ganze Aufregung des Tages aus meinem Körper strömt und nur noch Müdigkeit zurückbleibt. Obwohl ich Mum unter den Zuschauern nicht finden konnte, hatte ein kleiner Teil von mir die Hoffnung immer noch nicht aufgegeben. Das war dumm. Sie wird nie wieder gesund werden.

»Sie hat sich nicht fit genug gefühlt, Arch. Hör zu, Kumpel, Scadge und ich sind hier, weil wir dich wiedersehen wollten. Scadge hat dich vermisst und ich auch. Ich habe viel nachgedacht und wollte dir sagen, dass es mir sehr leidtut. Ich hätte mich besser um dich kümmern sollen.«

»Warum hast du es denn nicht getan?«, frage ich etwas schroffer, als ich es meine.

Er reibt sich mit der Hand über das Gesicht. »Ehrlich gesagt, Archie, ich weiß es nicht. Ich wusste nicht, was du brauchst. Jedes Mal, wenn ich dich sah, hat es mich daran erinnert, wie nutzlos ich war. Für mich war es einfacher, den Kopf in den Sand zu stecken. Einfacher, aber falsch.«

Er holt tief Luft. »Es tut mir leid. Es tut mir so leid, Arch. Und wenn du mich lässt, will ich es noch mal versuchen.«

Ich schaue ihm direkt in die Augen. »So wie bisher kann es nicht weitergehen, Dad. Du kannst nicht jedes Mal absagen, wenn ich zu euch kommen will. Das ist nicht fair!«

»Ich weiß, Archie. Und ich möchte dich ab jetzt häufiger sehen. Du bist mein Sohn, und ich will mich um dich kümmern.«

Lucas' Ratschlag, dass man um Hilfe bitten soll, kommt mir in den Kopf.

»Ich brauche eine Hose für die Schule, die mir passt«, sage ich leise.

Dad nickt. »Das kriege ich hin.«

»Ich möchte mit dir wieder Fußball im Fernsehen schauen.«

Er lächelt, und ich rede weiter.

»Ach, und wenn du einen Laptop übrig hättest, wäre es für mich einfacher, Lebensmittel einzukaufen und meine Hausaufgaben zu machen.«

Dann purzeln die Dinge einfach aus meinem Kopf. Dinge, die ich mir wünsche, um die ich aber nie gebeten habe.

»Ich möchte, dass sich mein Zimmer in eurem Haus so anfühlt, als wäre es wirklich meins. Ich möchte Scadge öfter sehen und ihr großer Bruder sein. Ich möchte mit euch gemeinsam als Familie Dinge unternehmen.«

»Arch…«

»Ich bin noch nicht fertig«, sage ich. »Du musst mich daran erinnern, dass ich mir ab und zu die Haare waschen soll, und du musst mich mit ordentlichem Essen nach Hause schicken. Wenn in der Schule Sporttage und Klassenfahrten stattfinden, sollst du dich darum kümmern, dass ich mitkommen kann.« Ich atme tief ein und spüre, wie mein Kinn zittert, aber ich rede weiter. »Ich möchte *jedes* Wochenende zu dir kommen und nicht nur jedes zweite, weil Maus bald fortzieht und ich nirgendwo anders hinkann und es schwer ist, allein mit Mum zu Hause zu sein, seit du weg bist. Ich liebe sie, aber sie ist traurig und krank, und ich kann sie nicht gesund machen. Und deshalb brauche ich dich, damit du dich ein bisschen mehr um mich kümmerst, weil sie das im Moment nicht kann.«

Ich blicke zu Dad auf und sehe, dass ihm Tränen über das Gesicht laufen. Er nickt schniefend und zieht mich in eine feste Umarmung.

»Bist du fertig?«, fragt er in meine Haare.

»Für den Moment«, murmle ich.

»Es tut mir so leid, Archie. Du musstest einkaufen und hast dich ganz allein um alles gekümmert? Warum hast du mir das nicht gesagt? Natürlich kann ich all das machen.«

Ich spüre, wie auch mir Tränen über die Wangen kullern, aber es fühlt sich anders an als das letzte Mal, als Dad mich zum Weinen gebracht hat. Es sind Tränen der Erleichterung, weil ich endlich herausgefunden habe, was ich wirklich brauche, und darum gebeten habe. Nicht um Aufkleber oder einen Eiswagen, sondern um Dinge, die mein Leben tatsächlich verändern werden und von denen ich nicht einmal wusste, dass ich sie mir tief in meinem Inneren wünsche.

Als Scadge und Maus zurückkommen, wischen wir uns die Augen ab, und Dad räuspert sich.

»Ach so, Julie hat mir etwas für dich mitgegeben. Ich habe keine Ahnung, was es ist, ich durfte nicht reinschauen.« Er drückt mir eine wunderschön verpackte quadratische Schachtel in die Hand und sagt zu Scadge: »Scarlett, es ist Zeit zu gehen, aber Archie kommt am Samstagmorgen zu uns!«

»Ja!!!«, jubelt Scadge und schlingt ihre kleinen Arme um mich.

Nachdem ich Scadge und Dad verabschiedet habe, gehen Maus und ich nach Hause.

»Du warst unglaublich, Maus. Was für ein Elfmeter!«

»Der war perfekt, oder? Der Torwart hatte keine Chance«, sagt sie und spielt noch einmal nach, wie sie den Ball schießt und mit erhobenen Armen jubelt.

Wir gehen eine Weile schweigend nebeneinanderher, in Gedanken immer noch bei den unfassbaren Erlebnissen dieses Tages, und berühren ab und zu die Medaillen, die um unsere Hälse baumeln.

Als wir in meiner Straße ankommen, bleibt Maus stehen.

»Ich wollte es dir heute eigentlich noch nicht sagen, aber das Haus, das wir uns heute Morgen angeschaut haben, war ziemlich toll. Mum und Dad waren total begeistert. Sie haben heute Nachmittag direkt ein Angebot dafür gemacht, das auch sofort angenommen wurde. Das ist der eigentliche Grund, warum wir uns das andere Haus nicht angesehen haben.«

Ich starre mit brennenden Augen auf meine Schuhe und presse die Lippen fest aufeinander.

»Das war's dann also?«, flüstere ich.

»Irgendwie schon«, sagt sie. »Aber es gibt auch gute Neuigkeiten. Richtig gute Neuigkeiten.«

»Was denn?«, frage ich und kriege die Wörter kaum über die Lippen.

»Das Gute ist, dass das neue Haus nicht so weit weg ist, wie wir dachten. Und weil Dad an den meisten Tagen zur Arbeit in die Stadt fahren wird und mich morgens im Auto mitnehmen kann, haben sie mir erlaubt, die sechste Klasse an der Valleybrook-Schule zu beenden!«

Ich brauche einen Moment, um zu verarbeiten, was sie gerade gesagt hat. »Du wechselst also doch nicht die Schule?!«

»Genau!«

»Wir sehen uns also weiterhin jeden Tag?!«

Darüber muss ich schon wieder heulen, aber ich lasse es einfach zu. Denn ich mache mir keine Sorgen mehr darüber, wie meine Mum zu werden, und habe auch nicht das Gefühl, nie wieder aufhören zu können. Das hier sind

Tränen voller Erleichterung und Glück, und ich muss sie nicht unterdrücken.

»Und noch was«, fährt Maus fort. »Ich werde jeden Tag nach der Schule ein bisschen Zeit totschlagen müssen, bis Dad von der Arbeit kommt, aber das ist ja kein Problem – wir haben ja unsere Bushaltestelle und unsere Mauer!«

»O nein, ich werde Mum sagen, dass du ab jetzt jeden Tag nach der Schule zu uns kommst«, verkünde ich und spüre, wie mein Selbstvertrauen wächst. Nachdem ich Dad um alles gebeten habe, was ich brauche, sollte ich dasselbe vielleicht auch bei Mum tun. »Es ist schließlich auch mein Zuhause. Ich war so oft bei deiner Familie, und jetzt sind wir an der Reihe, uns ein bisschen um dich zu kümmern.«

»Hört sich gut an«, sagt sie und fügt dann leise hinzu: »Ich habe es vermisst, dich zu besuchen.«

»Ich habe es auch vermisst, dich bei uns zu haben.«

Mein Atem hat sich wieder beruhigt. Ich wische mir über die Augen, und dann gehen wir langsam weiter.

Maus kickt mit dem Schuh ein Steinchen über den Bürgersteig. »Wir werden auf unterschiedliche weiterführende Schulen gehen, aber darüber müssen wir uns im Moment keine Gedanken machen, oder?«

»Nein, ich habe gerade das Gefühl, dass ich mir um überhaupt nichts mehr Sorgen machen muss«, sage ich.

Obwohl Maus wegzieht und sich sonst nicht viel verändert hat, fühle ich mich anders. Viel leichter irgendwie. Beim Anblick unseres Hauses überkommt mich allerdings ein mulmiges Gefühl. Natürlich muss ich mir noch um etwas Sorgen machen, oder besser gesagt um jemanden. Ich will nicht nach Hause und diesen perfekten Tag damit ruinieren.

»Was ist das eigentlich für ein Geschenk?«, fragt Maus und reißt mich damit aus meinen trüben Gedanken. Sie deutet auf die Schachtel in meiner Hand, die ich ganz vergessen hatte.

Ich entferne vorsichtig das Geschenkpapier und öffne sie. Darin befindet sich eine wunderschöne Glassprühflasche voller *Sommerbrise.* Ich halte sie hoch, sprühe einmal in die Luft und atme den perfekten Duft ein.

Am Hals der Flasche ist ein kleiner Zettel befestigt, auf dem steht:

Lass uns noch einmal neu anfangen.
Julie x

In diesem Moment öffnet sich die Haustür, und meine Mum steht dort in ihrem Morgenmantel, ein breites Lächeln im Gesicht.

»Kommt endlich rein, ihr zwei Helden des Tages!«

»Du hast das Turnier gesehen?!«, frage ich.

»Natürlich habe ich es gesehen. Wir haben alles gesehen und ordentlich mitgefiebert, stimmt's, meine Damen?« Als sie zur Seite tritt und wir alle hineingehen, sehe ich Zoe, Rosemary und Sir Lancelot auf dem Sofa sitzen.

»Was ist denn hier los?«, flüstere ich.

»Heute ging es hier zu wie am Piccadilly Circus, Archie. Erst kam dein Dad mit Scadge vorbei, dann hat Rosemary geklingelt, und schließlich kam auch noch Zoe, um mir von dem Umzug zu erzählen. Ich bin völlig erschöpft, aber weißt du was, Schatz? Das war für mich der beste Tag seit Langem.«

»Für mich auch!«, sage ich grinsend.

»Na, dann kommt, ihr zwei. Rosemary hat genug Kekse mitgebracht, um damit ein Schiff zu versenken, und ich mache uns gleich allen Käsenudeln zum Abendessen. Tut mir leid, Maus, es sieht schlimm aus hier, deshalb haben wir dich in letzter Zeit nicht so oft eingeladen. Aber vielleicht war das falsch. Vielleicht muss ich wieder mehr Leute reinlassen, und zwar nicht nur ins Haus.«

Ich lasse Maus im Wohnzimmer Kekse essen und helfe Mum mit den Käsenudeln in der Küche. Als sie in der Käsesoße rührt und ich die Teller raushole, habe ich das Gefühl, in einem völlig anderen Haus zu sein – obwohl sich äußerlich nicht viel verändert hat. Mum trägt immer noch ihren Morgenmantel, und das Haus ist immer noch ein Saustall, aber es fühlt sich ganz anders an.

Ich schlinge meine Arme um sie. »Danke, dass du Käsenudeln kochst, Mum. Die mag ich total.«

Sie legt den Kochlöffel zur Seite, nimmt mein Gesicht in ihre Hände und schaut mir direkt in die Augen.

»Ich werde ab jetzt einige Veränderungen hier vornehmen, Archie. Was du gestern Abend gesagt hast …«

»Es tut mir leid, dass ich dich angeschrien habe«, sage ich schnell.

»Nein, das hatte ich nötig. *Mir* tut es leid, Archie. Ich habe heute so viel geredet wie schon lange nicht mehr. Und es tat unfassbar gut. Rosemary hat mir die Telefonnummern von ein paar Leuten gegeben, die mir vielleicht helfen können und die ich anrufen kann, wenn es mir wieder einmal nicht so gut geht. Es war nicht fair, wie viel du in den letzten Monaten machen musstest, und es tut mir leid.«

Dieses Mal kommt mir ihre Entschuldigung nicht wie eine Ausrede vor, um zu weinen oder mir ein schlechtes Gewissen zu machen. Sie ist echt – die Wahrheit.

»Ich will auch einiges ändern, Mum. Mir ist klar geworden, dass ich nicht alles allein schaffen kann, also werde ich anfangen, andere um Hilfe zu bitten. Mit Dad habe ich schon gesprochen und ihm gesagt, dass er mehr tun muss – dass er sich auch mehr um mich kümmern muss.«

Mum hat Tränen in den Augen. »Gut gemacht! Du bist ein weiser Junge, Archie, so viel steht fest. Es tut mir leid, dass du so schnell erwachsen werden musstest. Ich kann dir nicht versprechen, dass es mir bald besser gehen wird, aber ich *kann* versprechen, dass ich in Zukunft ein bisschen mehr reden werde und mir auch von anderen helfen lasse. Zum Beispiel von Rosemary – sie hat uns angeboten, den Wocheneinkauf für uns zu erledigen. Die Gute! Dann hast du schon eine Sache weniger zu tun.«

»Solange sie die Ravioli nicht vergisst!«, sage ich.

»Bestimmt nicht.« Mum wuschelt mir durchs Haar. »So, ich glaube, das Essen ist fertig!«

Ich atme den Duft der Käsenudeln ein und höre Rosemary, Zoe und Maus mit Sir Lancelot spielen. Endlich fühlt sich dieses Haus wieder wie ein Zuhause an.

Ich lächle vor mich hin und flüstere: »Dabei habe ich dafür nicht einmal einen Wunsch verwendet.«

Offenbar habe ich es lauter gesprochen, als ich dachte, denn Mum dreht sich um und sagt: »Du bist nicht der Einzige, der sich Dinge wünscht, weißt du? Was glaubst du, was ich die ganze Zeit im Bett gemacht habe?«

»Und hast du auch gerade das Gefühl, dass dein Wunsch in Erfüllung geht?«, frage ich.

»Ich sage dir, was ich für ein Gefühl habe, Archie. Ich habe das Gefühl, dass es für mich an der Zeit ist, mit dem *Wünschen* aufzuhören und mit dem *Tun* anzufangen.«

»Das klingt sehr gut, Mum. Damit würde mein Wunsch auf jeden Fall in Erfüllung gehen. Ich glaube, manchmal kann man seine eigenen Wünsche wahr werden lassen.«

»Ich glaube, da hast du recht, Archie.«

Nach dem Abendessen zeige ich Maus mein Zimmer voller Aufkleber, während Mum sich von Rosemary und Zoe verabschiedet.

Maus blickt sich staunend um und nimmt dann einen Lucas von meinem Nachttisch. »Glaubst du, es war Magie oder Zufall? Ich weiß inzwischen nicht mehr, was ich denken soll, und kann nicht einmal sagen, was ich merkwürdiger fände.«

»Ich auch nicht«, sage ich. »Vielleicht war es auch ein bisschen von beidem. Weil ich so sehr auf etwas gehofft und es mir gleichzeitig gewünscht habe, ist vielleicht wahrscheinlicher geworden, dass es tatsächlich passiert.«

Sie zuckt mit den Schultern. »Vielleicht. Aber was, wenn etwas nicht in Erfüllung geht? Ich wünsche mir ständig Dinge, die nie in Erfüllung gehen.«

»Was denn zum Beispiel?«

»Meistens wünsche ich mir, dass ich fliegen kann.«

Ich lächle. »Na ja, vielleicht wirst du das eines Tages auch, nur vielleicht nicht so, wie du es dir vorstellst. Ich habe mir zum Beispiel gewünscht, dass Mum mir bei dem Turnier zusieht – das hat sie auch, nur eben nicht so, wie ich es mir vorgestellt hatte. Aber vielleicht ist das, was stattdessen passiert ist, sogar noch besser. Vielleicht ist mein Wunsch auf eine Weise in Erfüllung gegangen, mit der ich nie gerechnet hätte. Wer weiß das schon, aber …«

»Wenn man es sich nicht wünscht, kann es auch nicht in Erfüllung gehen, oder?«, sagen wir beide wie aus einem Mund und lachen.

Dann streicht sie mit der Hand über die Kartons mit den Aufklebern. »Was willst du mit dem ganzen Zeug machen?«

»Millionen!«, sage ich kichernd.

Maus grinst. Dann fragt sie: »Hast du nicht noch einen übrig?«

»Einen was?«

»Einen Wunsch?«

»Ja«, sage ich.

»Also war alles, was heute passiert ist, dass wir gewonnen haben und dass ich ein Tor geschossen habe, echt?«

»Total echt«, sage ich.

Sie schüttelt ungläubig den Kopf. »Also ist die letzte große Frage, die noch offen ist, ob du Lucas Bailey in dieser Nacht wirklich getroffen hast.«

»Wer weiß?«, sage ich. »Ich glaube, mir ist klar geworden, dass es keine Rolle spielt. Die Dinge sind so oder so passiert, egal ob es nun daran lag, dass ich plötzlich an Magie geglaubt habe oder ein bisschen mehr an mich selbst. Das alles hat mich auf jeden Fall zu einem besseren Menschen gemacht.«

»Inwiefern?«

»Ich habe jetzt Hoffnung. Es ist schwer, ein guter Mensch zu sein, wenn man keine Hoffnung hat. Ich glaube, ohne Hoffnung ist es schwer, *irgendetwas* zu sein. Dann endet man wie Mum im Bett.«

»Na ja, jetzt ist sie aufgestanden, oder nicht?«

»Ja, weil sie jetzt auch wieder ein bisschen Hoffnung hat. Das Gefühl steckt an. So wie man sich mit Traurigkeit anstecken kann, kann man sich auch mit Hoffnung anstecken. Ich glaube, ich habe mich eine Zeit lang ein bisschen von Mums Traurigkeit anstecken lassen. Deswegen werde ich ab jetzt versuchen, mir so viel Hoffnung wie möglich zu bewahren. Damit werde ich herausfinden, was ich brauche, und dann etwas dafür tun. Und wenn ich etwas alleine nicht ändern kann, muss ich um Hilfe bitten.«

»Du weißt, dass du mich und Mum jederzeit um alles bitten kannst, Arch. Sie will dir schon so lange helfen, wusste aber nie, wie. Nur weil wir umziehen, ändert sich daran nichts.«

»Danke, Maus. Es tut mir leid, dass ich dir nie wirklich erzählt habe, wie schlimm es war.«

»Das ist schon okay. Und mir tut es leid, dass ich nicht öfter nachgefragt habe.«

Draußen ist es bereits dunkel, und Maus steht auf, um zu gehen. Dann hält sie inne.

»Oh, das hätte ich fast vergessen. Auch wenn wir uns jetzt erst mal weiterhin sehen, möchte ich dir trotzdem Flump schenken.« Sie öffnet ihre Tasche, holt vorsichtig die kleine Rennmaus heraus und reicht sie mir. »Sie hat leider nicht viel vom Turnier sehen können, fand es aber trotzdem GROSSARTIG, stimmt's, Flumpy?«

»Stell dir mal vor, sie würde dir antworten!« Bei dem Gedanken muss ich lachen. »Ja, das Turnier war wirklich super! Und wenn ich größer wäre, hätte ich sogar alles sehen können!«, sage ich mit einer quietschigen Flump-Stimme, schaue in ihre winzigen runden Augen und stelle mir eine gigantisch große Flump vor. »Ich wünsche mir, dass alle meine Nagetierkumpels und ich riesig sind und dass wir die Welt erobern!«

Maus und ich lachen über meine doofe Stimme, bis

uns die Tränen kommen. Doch plötzlich fährt uns ein heftiger Luftzug durch die Haare, und die Zimmertür fällt mit einem beängstigenden Knall zu.

Maus zuckt zusammen und wird kreidebleich. »O nein, Archie. Was hast du gerade gesagt?«

»Nur, dass Flump sich wahrscheinlich wünscht, riesig zu sein und …«

Ich verstumme, schaue erst Maus an und dann Flump, die meinen Blick direkt erwidert. In ihren kleinen Renn-maus-Augen blitzt es verschwörerisch.

»O NEIN!«

Danksagung

> Sie glaubte, sie könnte es tun, also tat sie es.
>
> *– Unbekannt*

> Sie saß verzweifelt weinend an ihrem Schreibtisch, lenkte sich mit unnötigen Tätigkeiten ab, kaufte im Internet jede Menge Schrott und schaffte es nach ein paar Monaten irgendwie doch noch, ein Buch zu schreiben.
>
> *– Helen Rutter*

Vielen Dank an die wunderbaren Lauren und Chloe, die mit mir die ersten Ideen durchgegangen sind und mich die gesamte Zeit über unterstützt haben. Ich bin sehr glücklich, dass ich euch beide habe – ein unschlagbares Lektorats-und-Agentur-Team.

Ein großes Dankeschön an Jenny, Gen und Sarah für all eure redaktionelle Hilfe.

Andrew und Liam, ihr seid brillant. Ich LIEBE die Illustration und das tolle Cover für dieses Buch, also vielen Dank an euch beide und an alle anderen Beteiligten.

Harriet, ich danke dir für deine fröhlichen E-Mails und deine spannenden Pläne: Du bist ein Star.

Allen bei Scholastic und Madeleine Milburn: Ich danke euch so sehr.

Sue, Ken und Jools – danke dafür, dass ihr einen sehr frühen Entwurf von Archies Geschichte gelesen habt.

Danke an Rob, Lenny und Cleo, die ertragen haben, dass ich ihnen fast ständig etwas aus dem Buch vorgelesen habe. Ihr seid alle so wunderbar enthusiastisch und unterstützend, selbst dann, wenn ich ganz offensichtlich nicht weiß, was ich tue! Ich liebe euch alle so sehr.

Zum Schluss noch ein Dank an meine Mum. Jean the Bean. Du hast mir gezeigt, wie man wünscht und wie man hofft. Ich weiß, dass noch nicht alle deine Wünsche in Erfüllung gegangen sind, aber durch dich habe ich gelernt, rauszugehen und die Erfüllung meiner Wünsche selbst in die Hand zu nehmen. Also, danke. x

Helen Rutter lebt in der Nähe von Sheffield und arbeitete zunächst als Schauspielerin, bevor sie sich dem Schreiben widmete. Ihr Buch *Ich heiße Billy Plimpton* war 2021 eines der erfolgreichsten Kinderbuch-Debüts Großbritanniens und wurde u. a. für die *Carnegie Medal*, den *Blue Peter Book Award* und den *Costa Book Award* nominiert.

Silke Jellinghaus ist Übersetzerin, Lektorin und Autorin und lebt mit ihrer Familie in Hamburg. Sie hat unter anderem Werke von Jojo Moyes und Graham Norton übersetzt. Für Atrium Kinderbuch übersetzte sie bereits *Der Tag, an dem ich versehentlich die ganze Welt belog* von Lisa Thompson.